La maleta de Hana

Un relato verídico

Por
Karen Levine

Traducción: Mariana Kosmal

LECTORUM
PUBLICATIONS INC.
a subsidiary of Scholastic Inc.
New York

LA MALETA DE HANA

Library of Congress Cataloging-in-Publication data:
Levine, Karen, 1955–
    La maleta de Hana : un relato verídico / por Karen Levine ; traducción,
Mariana Kosmal.
        p. cm.
    Summary: A biography of a Czech girl who died in the Holocaust, told in
alternating chapters with an account of how the curator of a Japanese
Holocaust center learned about her life after Hana's suitcase was sent to her.
    Includes bibliographical references and index.
    ISBN 1-933032-01-4 (alk. paper)
    1. Brady, Hana—Juvenile literature. 2. Holocaust, Jewish (1939–1945)—Czech
Republic—Nové Mesto nad Metují—Biography—Juvenile literature. 3. Jewish
children in the Holocaust—Czech Republic—Nové Mesto nad Metují—
Biography—Juvenile literature. 4. Nové Mesto nad Metují (Czech Republic)—
Biography—Juvenile literature. 5. Holocaust, Jewish (1939–1945)—Study and
teaching—Japan. 6. Horokosuto Kyoiku Shiryo Senta.
    [1. Brady, Hana. 2. Holocaust, Jewish (1939–1945)—Czech Republic. 3. Czech
Republic—History—1938–1945. 4. Ishioka, Fumiko. 5. Tokyo Holocaust
Education Resource Center. 6. Spanish language materials.] I. Kosmal,
Mariana. II. Title.
    DS135.C97B665518 2006
    940.53'18092—dc22

Para mis padres,
Helen y Gil Levine

Introducción

La maleta de Hana es una historia real que transcurre en tres continentes durante un período que abarca casi 70 años. Reúne las experiencias de una niña y su familia en Checoslovaquia en las décadas de 1930 y 1940, las de una joven mujer y un grupo de chicos en Tokio, Japón, y las de un hombre en Toronto, Canadá, en el presente.

Entre los años 1939 y 1945, el mundo estaba en guerra. El dictador nazi Adolfo Hitler quería que Alemania gobernara de manera universal. En el centro de su visión estaba la brutal eliminación del pueblo judío. A fin de deshacerse de sus "enemigos", Hitler estableció en Europa docenas de campos de internamiento —llamados campos de concentración. Mujeres, hombres y niños judíos provenientes de la mayoría de los países europeos fueron deportados, arrancados de sus hogares y enviados a los campos, donde padecieron y soportaron terribles sufrimientos. Muchos murieron de inanición o por enfermedad. Finalmente, la mayoría de ellos fue asesinada. En estos campos de la muerte y en otros sitios —donde los seguidores de Hitler llevaban adelante su terrible plan— seis millones de judíos fueron asesinados. Un millón y medio de niños judíos se encontraban entre ellos.

En el año 1945 la guerra llegó a su fin y el mundo entero conoció el horror que había tenido lugar en los campos de concentración. Desde entonces, la gente ha tratado de comprender lo que hoy conocemos con el nombre de "Holocausto", el ejemplo más terrible de asesinato en masa —o genocidio— en toda la historia de la humanidad. ¿Cómo sucedió? ¿Cómo podemos estar seguros de que no volverá a ocurrir?

En Japón, un país aliado de la Alemania nazi durante la Segunda Guerra Mundial, el interés por la historia del Holocausto es relativamente nuevo. Un señor japonés, que donaba dinero de manera anónima y que deseaba contribuir a una mayor tolerancia y comprensión en el mundo, pensó que era importante que los jóvenes en Japón tuviesen un conocimiento más profundo de este aconteci- miento que forma parte de la historia mundial. Sin ayuda, este señor fundó el Centro de Estudios e Investigación de Tokio sobre el Holocausto.

En un Foro de Niños cuyo tema era precisamente el Holocausto y que se llevó a cabo en 1999, 200 estudiantes pertenecientes a la zona de Tokio se reunieron con Yaffa Eliach, sobreviviente del Holocausto. Ella les contó cómo la mayoría de los judíos de su aldea, jóvenes y viejos, habían sido asesinados por los nazis. Hacia el final del encuentro, le recordó a su audiencia que los niños tenían el poder de "crear la paz en el futuro". Una docena de jóvenes japoneses tomaron muy en serio el desafío y formaron un grupo llamado "Pequeñas Alas". Hoy, sus integrantes, que tienen entre 8 y 18 años, se reúnen cada mes, publican un boletín, brindan su ayuda al Centro de Estudios e Investigación de Tokio sobre el Holocausto y trabajan para que otros chicos japoneses se interesen en esta historia. Hacen su trabajo bajo la dirección de Fumiko Ishioka, la directora del Centro.

La maleta —la maleta de Hana— es una llave para el éxito de la misión de estos jóvenes. En ella pervive la historia de una terrible tristeza y una gran alegría, un testimonio y un recordatorio de la brutalidad del pasado y de la esperanza en el futuro.

La maleta de Hana

Tokio, Japón, invierno 2000

En verdad, se trata de una maleta de apariencia común. Sus bordes están desgastados, pero la maleta está en buen estado.

Es una maleta marrón. Grande. Podríamos guardar unas cuantas cosas en ella —ropa para un largo viaje, quizá. Libros, juegos, tesoros, juguetes. Pero ahora no hay nada en su interior.

Todos los días llegan niños al pequeño museo de Tokio para ver esta maleta que se encuentra protegida en una urna de vidrio, a través de la cual se puede observar que hay algo escrito sobre ella. El nombre de una niña: Hana Brady, cuyas letras, dibujadas con pintura blanca, cubren todo el frente. También aparece una fecha de nacimiento: 16 de mayo de 1931. Y otra palabra: *Waisenkind*. Una palabra alemana que quiere decir "huérfano".

Los niños japoneses saben que la maleta proviene de Auschwitz, un campo de concentración donde millones de personas sufrieron y murieron durante la Segunda Guerra Mundial, entre los años 1939 y 1945. Pero, ¿quién era Hana Brady? ¿De dónde venía? ¿Cuál era el lugar de destino de su viaje? ¿Qué había en su maleta? ¿Cómo se convirtió en huérfana? ¿Cómo era ella y qué le sucedió?

Los chicos tienen muchas preguntas que formular. Y sucede lo mismo con la directora del museo, una joven delgada de largo cabello negro que se llama Fumiko Ishioka.

Ella y los pequeños toman cuidadosamente la maleta y la abren. Buscan en los bolsillos laterales. Quizás Hana haya dejado algo que pudiera servir como pista. Nada. Miran debajo del forro interior a lunares. Pero tampoco hay indicio alguno.

Fumiko les promete a los chicos que hará todo lo que esté a su alcance para obtener información sobre la niña que era dueña de esta maleta, para resolver el misterio. Y durante un año, Fumiko se convierte en una detective, recorriendo el mundo en busca de pistas para recomponer la historia de Hana Brady.

La maleta de Hana. A pesar de que ella deletreaba su nombre con una sola "n", en alemán se escribe con dos, tal y como aparece en la maleta.

El pueblo de Nove Mesto y sus alrededores.

Nove Mesto, Checoslovaquia, Década de 1930

En medio del paisaje ondulado de Checoslovaquia, en la provincia de Moravia, había un pueblo llamado Nove Mesto. No era grande, pero era famoso. En invierno había mucho movimiento. Gente de todo el país acudía a esquiar allí. Había pistas y carreras, y también lagunas congeladas para patinar. Durante el verano la gente iba a nadar, navegar, pescar y acampar.

En Nove Mesto vivían unas 4.000 personas. En una época fue conocido por su cristalería. Pero en la década de 1930 la gente se volcó a trabajar en los bosques y a fabricar esquís en pequeños talleres. En la calle principal había un gran almacén blanco de dos pisos con un ático. Y del sótano salía un pasadizo secreto que llevaba a la iglesia que estaba en la plaza central. En tiempos de antaño, cuando la ciudad estaba sitiada, era usado por los soldados para almacenar comida y víveres para la gente del pueblo.

La tienda del pueblo estaba en la planta baja. Allí se podía comprar de todo, desde botones, mermelada, lámparas de aceite y rastrillos, hasta cascabeles, piedras para afilar, cuchillos, vajilla, papel, lapiceras y caramelos. En el primer piso vivía la familia Brady: Karel, el padre, Marketa, la madre, Hana y su hermano mayor, George.

El padre trabajaba seis días a la semana en la tienda. Era un deportista, un atleta muy conocido en Nove Mesto por su pasión por el fútbol, el esquí y la gimnasia. Era también un actor aficionado y tenía una voz poderosa y resonante que podía oírse de un lado al otro del campo de juego. Es así que el padre de Hana fue elegido para comentar, con un megáfono, las carreras de esquí, para que todo el mundo pudiese escuchar el desarrollo y los resultados de la competición. Era, además, bombero voluntario y, junto con otros hombres del pueblo, iba en el carro de bomberos para ayudar a la gente en casos de emergencia.

Además, la familia Brady abría las puertas de su casa a artistas de toda clase —músicos, pintores y poetas, escultores y actores. Cuando estaban con hambre, todos ellos podían encontrar allí un plato de comida caliente, preparada por Boshka, la cocinera y ama de llaves de la familia. Y los talentos artísticos encontraban una audiencia ávida, que incluía, por supuesto, a dos niños traviesos, Hana y George. Algunas veces, le pedían a George que tocara el violín. Hana siempre estaba más que ansiosa por demostrar, ante quien estuviese dispuesto a escucharla, su habilidad en el piano. Y en el medio de la sala había un fonógrafo que se ponía en funcionamiento haciendo girar la manivela. Hana tocaba su canción favorita, "Tengo nueve canarios", una y otra vez.

Hana disfrazada para una representación escolar.

La madre era una anfitriona amable y generosa que tenía muy buen sentido del humor y una risa muy fuerte. También ella trabajaba seis días a la semana en la tienda y con frecuencia la gente iba al lugar tan sólo para escuchar sus chistes y bromas. Prestaba especial atención a la gente pobre de Nove Mesto que vivía en las afueras del pueblo. Una vez a la semana, la madre preparaba un paquete de comida y de ropa y Hana lo llevaba a los vecinos necesitados, sintiéndose muy orgullosa de su misión. Siempre le insistía a su madre para que preparara estos paquetes con mayor frecuencia.

También Hana trabajaba como ayudante en la tienda. Desde pequeños, ella y su hermano tenían como tarea mantener limpio, bien ordenado y al día el contenido de los estantes. Aprendieron a cortar en tajadas la levadura, a raspar

Nove Mesto. Los Brady vivían en el primer piso de la cuarta casa de la izquierda. Su tienda estaba en la planta baja.

pequeños terrones del pan de azúcar, a pesar especias y condimentos, a armar conos de papel para rellenarlos con caramelos que se vendían para regalo. De vez en cuando, la madre notaba que algunos de los conos faltaban. Hana nunca delataba a George. Y éste nunca delataba a Hana.

Siempre había gatos dando vueltas por el lugar, cazando ratones todo el día. Pero hubo una ocasión en que el padre y la madre, como regalo especial, encargaron gatitos blancos de angora como mascotas para los niños. Dos bultos pequeños y suaves llegaron por correo en una caja con agujeros para respirar. Al principio, Sylvia, la perra galgo rusa, una criatura de gran tamaño, de pelo lanoso color gris, olfateaba suspicaz a los gatitos. Pero éstos, a quienes Hana llamó Micki y Mourek, se integraron rápidamente a la familia.

Hana y George iban a la escuela pública. Eran niños como el resto, que hacían de vez en cuando alguna travesura y que tenían los típicos problemas de los niños de su edad, o alcanzaban los mismos logros. Pero había sólo una cosa que los hacía diferentes.

Los Brady eran judíos. No eran una familia religiosa, pero los padres querían que sus hijos conociesen sus orígenes. Una vez a la semana, mientras sus compañeros estaban en la iglesia, Hana y George se reunían con un maestro especial que les enseñaba sobre la historia judía y sus días festivos.

Había otras pocas familias judías en Nove Mesto. Pero Hana y George eran los únicos niños judíos en el pueblo. Durante los primeros años de su vida, nadie en realidad se daba cuenta o bien a nadie le importaba que ellos fuesen diferentes. Sin embargo, con el tiempo, el hecho de ser judíos se convertiría en la cuestión más importante.

Tokio, invierno 2000

De regreso a su oficina, muy lejos, en Japón y más de medio siglo después, Fumiko Ishioka recordaba cómo la maleta había llegado a sus manos.

En 1998, ella había comenzado su trabajo como coordinadora de un pequeño museo, llamado Centro Educativo del Holocausto, en Tokio, Japón, dedicado a enseñar a niños japoneses sobre el Holocausto. En una conferencia en Israel, Fumiko había conocido a algunos sobrevivientes del Holocausto, personas que habían resistido los horrores de los campos de concentración. Fumiko se sorprendió ante el optimismo y la alegría de vivir que estas personas tenían, pese a la terrible experiencia que habían atravesado. Cuando ella se sentía triste ante cosas de su propia vida, con frecuencia le venía a la mente la experiencia de estos sobrevivientes. Tan determinados y sabios. ¡Tenían tanto que enseñarle!

Fumiko quería que los jóvenes en Japón aprendiesen también del Holocausto. Su tarea ahora era volverlo real, cosa que no resultó ser nada fácil. ¿Cómo —se preguntaba ella— podía ayudar a los niños japoneses a comprender la terrible historia que había acontecido a millones de niños judíos en un continente lejano, más de 50 años atrás?

Fumiko enseñando a los niños en el Centro sobre el Holocausto.

Fumiko pensó que la mejor manera de comenzar era a través de objetos físicos que los niños pudiesen ver y tocar. Escribió a museos judíos y del Holocausto de todo el mundo, Polonia, Alemania, Estados Unidos, Israel, solicitando el préstamo de objetos que hubiesen pertenecido a los niños. Hizo la solicitud a través de Internet. Escribió a personas que pensaba que podían ayudar. Fumiko buscaba un par de zapatos y una maleta.

Todos rehusaron su petición, argumentando que los objetos cuidadosamente guardados eran demasiado preciosos para ser enviados a un pequeño museo, situado tan lejos. Fumiko no sabía bien qué hacer, pero no era el tipo de persona que se diera por vencida tan fácilmente. Más bien lo contrario: ante cada negativa, se volvía más firme.

Ese otoño Fumiko viajó a Polonia, donde existieron muchos campos de concentración. Allí visitó el Museo de Auschwitz, el más conocido de todos ellos. Fumiko solicitó un breve encuentro con el director asistente del Museo. Le fueron otorgados cinco minutos para explicar lo que quería. Finalmente, salió de la oficina con la promesa de que su petición sería considerada.

Pocos meses después, llegó a Tokio un paquete proveniente del Museo de Auschwitz: la media y el zapato de un niño, el suéter de un niño, una lata de un gas venenoso, Zyklon B, y una maleta: la maleta de Hana.

Centro Educativo del Holocausto, en Tokio, Japón.

Fumiko Ishioka y una niña visitante del Centro.

De pequeña, Hana amaba jugar al aire libre.

Nove Mesto, 1938

Hana tenía cabello rubio, ojos azules y una cara redonda muy linda. Era una niña fuerte. De tanto en tanto provocaba alguna pelea con George, sólo para mostrar la fuerza de sus músculos. A pesar de que su hermano le llevaba tres años, en algunas ocasiones Hana salía ganadora. Pero la mayor parte del tiempo Hana y George se llevaban bien cuando jugaban.

Durante los veranos, en el arroyo que corría detrás de la casa, ellos simulaban jugar a que estaban en la armada. Subiéndose a una vieja tina de lavar, los niños navegaban hasta que uno de los dos retiraba el tapón para terminar así sumergidos en el agua, entre risas y salpicándose. Había tres clases diferentes de columpios en el jardín de atrás: uno para un niño pequeño, otro de doble asiento y un tercero, colgado de un árbol gigante, que se balanceaba hacia el arroyo. Los niños del barrio se reunían allí para organizar concursos de balanceo. ¿Quién podía llegar más alto? ¿Quién podía saltar más lejos? A menudo, era Hana.

En los largos pasillos del departamento situado arriba de la tienda, Hana se deslizaba en su patineta roja y George en la suya, que era azul. En invierno, los hermanos construían

Los niños construyendo un fuerte de nieve.

fuertes de nieve y practicaban esquí. Pero el mayor placer de Hana era patinar y trabajaba duro en perfeccionar sus piruetas en el lago de Nove Mesto. A veces, cuando se ponía su traje de patinaje, de color rojo, con las terminaciones de las mangas ribeteadas de piel blanca, se imaginaba a sí misma como una princesa danzante. Sus padres, amigos y hermano festejaban tanto la representación como su fantasía.

Como los padres trabajaban seis días a la semana, las mañanas del domingo eran especiales. Cuando se despertaban, George y Hana corrían a cobijarse en la cama de sus padres, escondiéndose debajo del mullido edredón de pluma. En las tardes del domingo, durante los veranos, todos subían al auto y partían hacia el fuerte o el castillo más cercano para hacer un picnic, a veces con el tío Ludvik y la tía Hedda, quienes

Hana en su traje de patinaje rojo.

también vivían en Nove Mesto. En invierno, organizaban carreras de trineo o largas aventuras de esquí a campo traviesa. Hana era una experta esquiadora. En el trayecto de ocho kilómetros entre Nove Mesto y una aldea vecina (en la cual había una hermosa casa de té que tenía una pastelería deliciosa), Hana siempre lideraba el numeroso grupo de primos, a pesar de ser la más pequeña.

Pero, para finales del año 1938, se percibía en el aire un clima nuevo y amenazante. Se hablaba de guerra. Adolfo Hitler y sus nazis tenían el poder en Alemania. Antes de esa

Tanto Hana como George aprendieron a esquiar siendo muy pequeños.

fecha, ese mismo año, Hitler había tomado Austria. Luego sus ejércitos habían marchado hacia algunas regiones de Checoslovaquia. Los refugiados —las personas que intentaban escapar de los nazis— comenzaron a llegar y a llamar a la puerta de los Brady, pidiendo dinero, comida y refugio. Siempre fueron bien recibidos por los padres, pero los niños estaban confundidos y se hacían preguntas. ¿Quién es esta gente?, pensaba Hana. ¿Por qué vienen aquí? ¿Por qué no quieren permanecer en sus propios hogares?

Por las noches, una vez que Hana y George se habían ido a dormir, la madre y el padre se sentaban a escuchar las noticias de la radio. A menudo, se les unían los amigos y todo el grupo mantenía largas charlas hasta bien entrada la noche sobre las noticias que habían oído.

—Hablemos en voz baja —decían— para no despertar a los niños.

La conversación de los adultos era tan intensa, las discusiones tan acaloradas, que raramente escuchaban el crujir de la madera que provenía del pasillo, cuando Hana y George caminaban en puntillas de pie hacia el lugar secreto que habían encontrado para escuchar, junto a la sala. Los niños seguían la conversación acerca de las nuevas leyes antijudías en Austria. Escucharon las noticias sobre *Kristallnacht* en Alemania, durante la cual brigadas de asesinos nazis recorrieron los barrios judíos, rompiendo en pedazos las ventanas de los hogares y de los negocios, quemando sinagogas y golpeando a la gente en las calles.

—No puede suceder aquí —le susurraba Hana a su hermano.

—Shhhh —decía George— si hablamos ahora, nos oirán y nos ordenarán que regresemos a la cama.

Una noche, su vecino, el señor Rott, presentó al grupo de adultos una idea horrorosa.

—Todos podemos presentir que la guerra está llegando —comenzó—. Resulta peligroso para nosotros como judíos permanecer aquí. Todos debemos abandonar Nove Mesto, abandonar Checolosvaquia, partir hacia América, Palestina, Canadá. Hacia cualquier lado. Debemos partir ahora, antes de que sea tarde.

El resto del grupo se mostró desconcertado.

—¿Está usted loco, señor Rott? —exclamó uno de ellos—. Éste es nuestro hogar. Aquí es donde pertenecemos.

Y así quedó establecido.

A pesar de los malos tiempos, los Brady tenían la firme determinación de celebrar la llegada del año 1939. En la víspera del Año Nuevo, después de una fiesta con pavo, salchichas, salami y postres, los niños se prepararon para el juego tradicional de predecir el futuro. Hana, George y sus primos de los pueblos vecinos recibieron cada uno media nuez en la cual pusieron una pequeña vela. Colocaron un gran recipiente con agua en el centro de la sala. Cada niño puso su pequeño bote de nuez en el agua. El de George, quien por entonces tenía 11 años, se tambaleó, giró una y otra vez, y finalmente se detuvo, inclinado. Hana, de 8 años, lanzó su pequeña embarcación y, por un momento, ésta se deslizó sin un solo temblor. Pero luego se sacudió, se inclinó sobre uno de sus costados, la vela tomó contacto con el agua y se apagó.

Tokio, marzo 2000

Desde el día de la llegada de la maleta a Tokio, Fumiko y los niños se sintieron muy atraídos por este objeto. Una niña de 10 años, Akira, quien siempre hacía bromas, se preguntó en voz alta qué se sentiría al ser huérfana. A Maiko, que era mayor, le gustaban las fiestas y era una experta nadadora. Siempre permanecía serena y pensativa ante la presencia de la maleta. Pensaba en lo que realmente significaba ser separada y enviada lejos de sus amigos.

La maleta era el único objeto que tenían en el Centro y estaba ligado a un nombre. Por la fecha escrita en ella, Fumiko y los niños dedujeron que Hana tenía 13 años cuando fue enviada a Auschwitz. Un año menos que yo, dijo una de las niñas. Como mi hermana mayor, dijo Akira.

Fumiko escribió nuevamente al Museo de Auschwitz. ¿Podrían ayudarla a encontrar datos de la niña que había sido dueña de la maleta? No, le respondieron. No sabían más que ella. Fumiko se lo tuvo que contar a los niños.

—Intente en algún otro lugar —insistió Maiko—.

—No se dé por vencida —dijo Akira. Los niños cantaron en grupo para darle ánimos, como un coro: "Siga buscando". Fumiko les prometió que continuaría la búsqueda.

Escribió a Yad Vashem, el museo israelí del Holocausto. No, nunca hemos oído hablar de una niña llamada Hana Brady, respondió el director. ¿Ha intentado con el Museo de la Memoria del Holocausto en Washington D.C.? Rápidamente, Fumiko envió una carta a Washington, pero la respuesta fue la misma. No tenemos información alguna sobre una niña llamada Hana Brady. ¡Qué desalentador era todo!

Después, sorpresivamente y de la nada, Fumiko recibió una nota del museo en Auschwitz. Habían descubierto algo. Habían encontrado el nombre de Hana en una lista. Señalaba que Hana había llegado a Auschwitz proveniente de un lugar llamado Theresienstadt.

Nove Mesto, 1939

El 15 de marzo de 1939 las tropas nazis de Hitler marcharon sobre el resto de Checoslovaquia y la vida de la familia Brady cambió para siempre. Los nazis habían declarado que los judíos eran el mal, una mala influencia, peligrosos. Desde ese momento, la familia Brady y los otros judíos de Nove Mesto se vieron obligados a vivir bajo reglas y leyes diferentes.

Los judíos únicamente podían dejar sus casas a ciertas horas del día. Les estaba permitido hacer sus compras en determinados lugares y sólo a determinadas horas. Les estaba prohibido viajar; entonces cesaron las amadas visitas a tías, tíos y abuelos que vivían en los pueblos vecinos. Los Brady se vieron forzados a declarar a los nazis cuáles eran sus pertenencias —arte, joyas, cubiertos, cuentas bancarias. Rápidamente escondieron los papeles más valiosos bajo las tejas del desván. La colección de sellos del padre y la platería de la madre fueron escondidos entre los amigos no judíos. Pero la radio de la familia tuvo que ser trasladada a una oficina central y entregada a un oficial nazi.

Un día, Hana y George estaban en la fila de un cine para

Hana y George se mantuvieron muy unidos
mientras las restricciones nazis se incrementaban.

ver Blancanieves y los siete enanitos. Cuando llegaron a la ventanilla pudieron leer un cartel que decía "Prohibida la entrada a los judíos". Sonrojados, con los ojos inflamados, Hana y George se dieron la vuelta y regresaron a su hogar. Hana entró en la casa furiosa y muy perturbada.

—¿Qué está pasando? ¿Por qué no puedo ver películas? ¿Por qué no puedo simplemente ignorar el cartel?

El padre y la madre se miraron el uno al otro de manera sombría. No había respuestas fáciles.

Cada semana parecía traer una nueva restricción. Prohibida la entrada a los judíos en los parques. Prohibida la entrada a los judíos en los campos de deporte. No transcurrió mucho tiempo antes de que Hana se viera privada de ir al gimnasio. Incluso el lago donde solían patinar fue declarado un lugar prohibido para los judíos. Al principio, sus amigos —todos ellos gentiles— estaban tan desconcertados como Hana ante las nuevas reglamentaciones. Se sentaban juntos en la escuela, como siempre lo habían hecho, y aún pasaban buenos momentos haciendo travesuras en la clase y en los patios de las casas.

—Estaremos siempre juntas, sin importar lo que suceda —prometió María, la mejor amiga de Hana—. ¡No dejaremos que nadie nos diga con quién tenemos que jugar!

Pero gradualmente, mientras los meses se sucedían, todos los compañeros de juego de Hana, incluso María, dejaron de visitarla después de la escuela o durante los fines de semana. Los padres de María le ordenaron que permaneciese lejos de Hana. Temían que los nazis castigaran a toda la familia por permitir que su hija fuese amiga de una niña judía. Hana estaba terriblemente sola.

Hana, de niña, con su padre.

Ante la pérdida de cada amigo y ante cada nueva restricción, Hana y George sentían que su mundo se volvía cada vez más pequeño. Estaban enojados. Estaban tristes.

Y estaban frustrados.

—¿Qué podemos hacer? —les preguntaban a sus padres—. ¿Dónde podemos ir ahora?

El padre y la madre intentaban todo lo que estaba a su alcance para distraer a los niños, para ayudarlos a encontrar nuevas maneras de divertirse.

—Tenemos suerte —les dijo la madre— porque tenemos un jardín ¡tan grande! Pueden jugar a las escondidas. Trepar a los árboles. Inventar juegos. Jugar a ser detective en el almacén. Explorar el túnel secreto. Jugar a las adivinanzas. Siéntanse dichosos porque cuentan el uno con el otro.

Hana y George estaban agradecidos de ser hermanos y en efecto jugaban juntos, pero ello no los hacía sentirse mejor en lo que concernía a todas las cosas que ya no podían hacer y a todos los lugares a los que ahora les estaba prohibido ir. En un hermoso día de primavera, bajo un sol brillante, los dos se sentaron en el césped, aburridos, y empezaron a juguetear nerviosamente con la hierba. De pronto, Hana rompió a llorar.

—No es justo —gritó—. Odio esto. Quiero que todo sea como antes. —Arrancó un puñado de césped y lo arrojó por el aire. Miró a su hermano. Sabía que él se sentía tan triste como ella.

—Espera aquí —dijo George—. Tengo una idea. —A los pocos minutos regresó, trayendo con él un cuaderno, una lapicera, una botella vacía y una pala.

—¿Para qué es todo esto? —preguntó Hana.

—Tal vez, si escribimos todas las cosas que nos molestan —dijo él— eso nos ayudará a sentirnos mejor.

—Es estúpido —respondió Hana—. No nos devolverá el parque o el patio de recreo. No nos devolverá a María.

Pero George insistió. Era, después de todo, el hermano mayor, y Hana no tenía una idea mejor. Y entonces, durante las horas que siguieron, los niños volcaron toda su tristeza en el papel, George ocupándose de la mayor parte de la escritura, Hana hablando. Hicieron listas de las cosas que extrañaban, listas de las cosas que los enojaban. Después hicieron listas de todas las cosas que harían, todas las que poseerían y todos los lugares a los que irían cuando los días grises llegaran a su fin.

Cuando terminaron, George tomó las hojas de papel, las enrolló, las puso en la botella y la tapó con el corcho. Luego fueron caminando hacia la casa y se detuvieron donde estaba el columpio doble. Allí, Hana hizo un gran agujero. Ése sería el lugar secreto para guardar su tristeza y su frustración. George colocó la botella en el fondo del hueco y Hana lo tapó con tierra. Y así sintieron que el mundo parecía un poco más liviano y más brillante, al menos por un día.

Era difícil darle sentido a todo lo que estaba ocurriendo. Especialmente en ese momento, cuando ya no tenían la radio. El padre y la madre dependían de las noticias de las ocho de la noche que llegaban cada día desde Londres, Inglaterra, para mantenerse informados de cuál había sido el último acto vil de Hitler. Pero se les había prohibido a los judíos estar fuera de sus casas después de las ocho. Escuchar la radio estaba absolutamente prohibido y quien desobedecía esa orden recibía un castigo muy severo. Todos temían ser arrestados.

El padre ideó un plan, una manera ingeniosa de eludir las reglas de los nazis. Le pidió a su viejo amigo, el encargado del gran reloj de la iglesia, que le hiciese un favor. ¿Le importaría —inquirió el padre— retrasar el reloj quince minutos, en las primeras horas de la noche? De ese modo, el padre de Hana podría correr hasta la casa de su veci-no, escuchar las noticias y estar a salvo en su hogar cuando la campana diese las ocho (lo que en realidad significaba las ocho y cuarto). La guardia nazi que patrullaba la plaza del pueblo no veía ni sospechaba nada. Y el padre estaba realmente emocionado ante el éxito de su plan. Desafortunadamente, las noticias que escuchaba en la radio eran malas. Muy malas. Los nazis estaban ganando cada batalla, avanzando en cada frente.

Hana y George.

Tokio, marzo 2000

Theresienstadt. Ahora Fumiko y los niños sabían que Hana había llegado a Auschwitz desde Theresienstadt. Fumiko estaba entusiasmada. Ésta era la primera información concreta que había encontrado sobre Hana. La primera pista.

Theresienstadt era el nombre que los nazis le dieron al pueblo checo de Terezin. Era un lugar bastante pequeño, con dos fortalezas imponentes, construidas en el siglo XIX para albergar a prisioneros militares y políticos. Los nazis, al invadir Checoslovaquia, convirtieron a Terezin en el gueto de Theresienstadt —una prisión amurallada, vigilada y superpoblada para albergar a los judíos que habían sido forzados a abandonar sus hogares. En el transcurso de la Segunda Guerra Mundial, más de 140.000 judíos fueron enviados allí, 15.000 de los cuales eran niños.

Fumiko se quedó despierta hasta muy tarde y su oficina era un brillo de luz en medio del Centro ya oscurecido. Permaneció leyendo todo lo que encontraba sobre Theresienstadt.

Así pudo saber qué cosas terribles habían ocurrido allí, y

también se enteró de que en el transcurso de unos pocos años la mayoría de las personas del gueto había sido deportada nuevamente, hacinada en vagones y enviada a campos de concentración más terribles, situados en el Este, que se conocían como campos de la muerte.

Pero Fumiko también descubrió que allí habían sucedido hechos ejemplares, que además daban testimonio de la gran valentía de sus protagonistas. Entre los adultos, había gente muy especial —grandes artistas, músicos famosos, historiadores, filósofos, diseñadores de moda, trabajadores sociales. Estaban en Theresienstadt porque eran judíos. Un enorme caudal de talento, capacitación y conocimiento moraba entre las paredes del gueto. Ante las narices de los nazis, corriendo un gran riesgo y de manera secreta, los prisioneros idearon y establecieron una agenda elaborada de enseñanza, aprendizaje, producción y actuación, tanto para los grandes como para los niños. Tenían la firme determinación de recordar a sus estudiantes que, pese a la guerra, la monotonía, el entorno restringido y estrecho, el mundo era un lugar de gran belleza donde cada individuo podía aportar un grano de arena.

Fumiko también descubrió que los niños en Theresienstadt aprendieron a dibujar y a pintar. Y que, milagrosamente, 4500 dibujos hechos por esos niños habían sobrevivido a la guerra. El corazón de Fumiko comenzó a latir con más fuerza. ¿Podía ser posible que, entre todos ellos, existiese uno o más dibujos de Hana Brady?

Nove Mesto, otoño 1940- primavera 1941

El otoño llegó con frío en el aire, y con más restricciones, penurias y privaciones.

Hana estaba a punto de comenzar tercer grado cuando los nazis anunciaron que a los niños judíos ya no se les permitiría ir a la escuela.

—¡Ahora no veré más a mis amigos! —sollozó Hana cuando sus padres le contaron la mala noticia—. ¡Entonces no podré ser maestra cuando sea grande!

Siempre había soñado con estar de pie frente a la clase y que todos escucharan atentamente lo que ella tenía que decir.

Los padres estaban decididos a que tanto Hana como su hermano pudiesen continuar con sus estudios. Por fortuna, tenían suficiente dinero para contratar a una joven que vivía en un pueblo vecino como tutora de Hana y a un profesor refugiado para que le enseñara a George.

La madre intentaba estar alegre: —Buen día, Hana —exclamaba cada mañana cuando salía el sol—. Es hora de desayunar. No querrás retrasarte para la 'escuela'.

Cada mañana, Hana se sentaba con su nueva tutora a la mesa del comedor. Era una joven y amable mujer que hacía todos los esfuerzos para animar y alentar a Hana en la lectura, la escritura y la aritmética. Llegaba con un pequeño pizarrón que apoyaba en una silla. De vez en cuando, le permitía a Hana escribir con la tiza para luego, con un golpe, sacudir el polvo del borrador. Pero en esta escuela no había compañeros de estudio, ni juegos, no había burlas ni bromas pesadas, ni tiempo de recreo. A Hana se le hacía difícil prestar atención y concentrarse en las lecciones. En la oscuridad del invierno, el mundo parecía cerrarse sobre la familia Brady.

De hecho, cuando llegó la primavera, ocurrió algo desastroso. En marzo de 1941 la madre fue arrestada por la Gestapo, la temida policía secreta de Hitler.

Llegó a la casa una carta en la que se le ordenaba a la madre presentarse a las nueve de la mañana en las oficinas de la Gestapo, en el pueblo cercano de Iglau. Para llegar a tiempo, debía partir en medio de la noche. Tenía tan sólo un día para organizar todo y despedirse de su familia.

Llamó a Hana y a George a la sala, se sentó en el sofá y acercó a los niños. Les dijo que estaría fuera por algún tiempo. Hana se acurrucó aún más.

—Deben portarse bien mientras yo no esté —les dijo—. Escuchen atentamente a su padre y hagan caso a lo que les dice. Yo les escribiré —prometió—. ¿Me contestarán?

George desvió la mirada. Hana tembló. Los niños estaban demasiado impresionados como para contestar. Era la primera vez que su madre se separaba de ellos.

Hana, su mamá y George en tiempos más felices.

Cuando esa noche la madre la acompañó a la cama, Hana se abrazó fuertemente a ella. Entonces la mamá acarició suavemente el cabello de la niña, como lo hacía cuando Hana era muy pequeña. Le cantó su canción favorita, una y otra vez. Hana se quedó dormida con los brazos alrededor del cuello de su mamá. Por la mañana, cuando se despertó, su madre ya se había marchado.

Tokio, abril 2000

Fumiko no cabía en su asombro cuando un paquete muy delgado llegó a su oficina en Tokio. Apenas unas semanas antes había escrito al Museo del Gueto de Terezin, que se encuentra en lo que hoy se llama República Checa. En su carta Fumiko explicaba el gran interés que tenían ella y los niños en encontrar algo que los conectara más directamente con Hana. La gente allí decía que no sabía nada acerca de la historia personal de Hana. Pero sí habían oído hablar de la colección de dibujos de los niños que había sido escondida en el campo. Muchos de los dibujos se exhibían ahora en el Museo Judío de Praga.

Fumiko abrió el paquete. Estaba tan emocionada que sus manos no paraban de temblar. Se trataba de las fotografías de cinco dibujos. Uno de ellos era una lámina en colores de un jardín y un banco de un parque. El resto de los dibujos estaba realizado con lápiz y carboncillo: un árbol, manos de campesinos que secaban heno, gente delgada como palos que arrastraban maletas mientras bajaban de un tren. En el borde superior derecho estaba escrito el nombre de "Hana Brady".

Uno de los dibujos que Hana hizo en Theresienstadt.

Nove Mesto, otoño 1941

Como se lo había prometido a su madre, Hana hizo todo el esfuerzo posible por portarse bien. Ayudaba a su padre y tomaba sus clases. Boshka, la queridísima ama de llaves, cocinaba sus comidas favoritas y le daba porciones extra de postre. Pero Hana extrañaba terriblemente a su madre, especialmente por la noche. Nadie podía acariciarle el cabello de la forma en que ella solía hacerlo. Y esa gran carcajada de su madre, todo el mundo la extrañaba.

Los niños sabían que ella estaba en un lugar llamado Ravensbruck, un campo de concentración de mujeres en Alemania.

—¿Está lejos? —le preguntó Hana a su padre.

—¿Cuándo regresará a casa? —quería saber George. El padre les aseguró a los niños que estaba haciendo todo lo que estaba a su alcance para sacarla de ese lugar.

Un día Hana leía en su cuarto cuando oyó la voz de Boshka que la llamaba. Decidió ignorarla, ya que no estaba con ganas de hacer ninguna tarea doméstica. ¿Y, además, qué había allí con lo cual ella pudiese entusiasmarse? Pero Boshka insistía.

—¿Hana, Hana? ¿Dónde estás? ¡Apúrate! Hay algo muy especial para ti en el correo.

Cuando escuchó esas palabras, Hana dejó caer el libro. ¿Se trataba acaso de lo que ella más ansiaba? Salió corriendo de la casa y voló hacia el correo. Se acercó a la ventanilla: —¿Tiene algo para mí? —preguntó. —La mujer detrás del mostrador deslizó un pequeño paquete marrón a través de la abertura. El corazón de Hana dio un salto cuando reconoció la letra de su madre. Sus dedos temblaron mientras lo abría. En su interior había un pequeño corazón marrón. Estaba hecho con pan y tenía las iniciales "HB" grabadas en la superficie. También había una carta.

Mi niña querida, te deseo todo lo mejor en el día de tu cumpleaños. Lamento no poder ayudarte este año a soplar las velitas. El corazón es un amuleto que hice para tu pulsera. ¿Te va quedando pequeña la ropa? Pídele a tu padre y a Georgie que hablen con tus tías para que hagan vestidos nuevos para mi niña que ya está grande. Pienso en ti y en tu hermano todo el tiempo. Yo estoy bien. ¿Te estás portando como una niña buena? ¿Me escribirás una carta? Espero que tú y Georgie estén al día con las lecciones. Yo estoy bien. Te extraño tanto, queridísima Hanichka. Te mando un beso.
Cariños, mamá. Mayo de 1941. Ravensbruck.

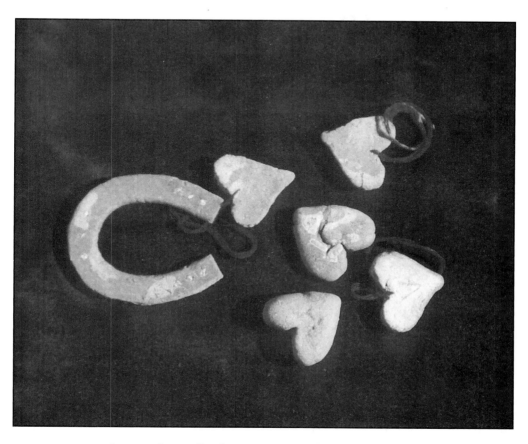

Los regalos realizados con pan que la madre de Hana
envió a su familia desde Ravensbruck.

Hana cerró los ojos y apretó el pequeño corazón marrón. Trató de imaginarse que su madre estaba allí con ella.

A los judíos se les obligaba a usar estrellas de tela amarilla cuando salían de casa.

Ese otoño trajo otro golpe. Un día el padre llegó a la casa con tres trozos de tela. En cada uno había una estrella de David amarilla y en el medio de ella una palabra: *"Jude"* (judío).

—Acérquense —les dijo el padre mientras tomaba unas tijeras de un cajón de la cocina—. Necesitamos recortar estas estrellas y colocarlas sobre nuestros abrigos. Debemos usarlas cada vez que salgamos a la calle.

—¿Por qué? —preguntó Hana—. La gente ya sabe que somos judíos.

—Es lo que debemos hacer —contestó el padre. Se veía tan abatido, triste y cansado que Hana y George no dijeron nada.

Desde ese día, Hana salía cada vez menos. Hacía todo lo posible por no tener que usar el distintivo amarillo en público. Odiaba la estrella. Era tan humillante. Le daba tanta vergüenza. ¿No era ya suficiente —se preguntaban los niños— el haber perdido el parque, el lago, la escuela, los amigos? Ahora, cuando salían de su casa, la estrella estaba prendida en sus solapas.

Pero había un hombre judío que vivía en el mismo pueblo que no estaba dispuesto a obedecer. Ya se había cansado de todas las nuevas leyes y restricciones. Así que uno de los últimos días de septiembre de 1941 salió de su casa sintiéndose un poco más atrevido. No recortó la estrella ni se la cosió en el abrigo. De inmediato, este pequeño acto de rebeldía llamó la atención del oficial nazi responsable de Nove Mesto. Éste se enfureció, declarando que el pueblo se convertiría en *judenfrei*, esto es, libre de judíos, inmediatamente.

A la mañana siguiente, un enorme automóvil negro conducido por un oficial nazi se detuvo frente a la casa de los Brady. Cuatro judíos asustados ya estaban en el auto, acurrucados. Hubo un golpe en la puerta. El padre la abrió, Hana y George estaban de pie detrás de él. El oficial de la Gestapo le gritó al padre que saliese inmediatamente. Hana y George no podían creer lo que oían. Permanecieron de pie, inmóviles, sorprendidos, mudos y llenos de miedo. El padre abrazó a los niños y les imploró que fuesen valientes. Y entonces él también se fue.

Tokio, primavera 2000

Fumiko estaba fascinada con los dibujos de Hana. Sabía que éstos ayudarían a los niños a imaginar qué clase de

Otro de los dibujos que Hana hizo en Theresienstadt.

persona había sido Hana. Sería más fácil para ellos ponerse en su lugar. Fumiko estaba en lo cierto.

Más que nunca, los niños que eran voluntarios del Centro concentraron su atención en Hana. Bajo la dirección de Maiko, algunos de ellos formaron un grupo con una misión: transmitir a otros niños lo que estaban aprendiendo. Llamaron a su club "Pequeñas Alas". Comenzaron a reunirse una vez al mes para planificar su boletín. Todos tenían una tarea. Los niños más grandes escribían artículos. Los más jóvenes fueron animados a realizar dibujos. Con la ayuda de Fumiko, enviaron el boletín a las escuelas de aquí y de allá con el propósito de que otros niños conocieran la historia del Holocausto y la búsqueda de Hana.

Pequeñas Alas.

Lo que más les interesaba saber era cómo había sido Hana físicamente. Querían ver la cara de esa pequeña niña cuya historia también estaban ansiosos por conocer. Fumiko comprendió que si conseguía encontrar una fotografía de Hana, ésta se convertiría en un ser aún más vivo para los niños, un ser humano real. Fumiko estaba decidida a continuar la búsqueda.

Ahora que tenía los dibujos, una media, un zapato, un suéter y, por supuesto, la maleta de Hana, Fumiko sintió que ya era hora de inaugurar la exposición para la que había trabajado tonto: "El Holocausto visto a través de los ojos de los niños".

Nove Mesto, invierno 1941-1942

Los dos niños se habían quedado solos. Sin padres. George rodeó con un brazo a su hermana de 10 años y le prometió que cuidaría de ella. Boshka, el ama de llaves, intentaba distraerlos con regalitos especiales y conversación animada. No funcionó: los niños estaban tristes y tenían mucho miedo.

Horas después del arresto del padre hubo otro golpe en la puerta. El corazón de Hana latió con fuerza. George tragó saliva. ¿Por quién habían venido ahora? Los niños abrieron la puerta y encontraron al tío Ludvik, su amado tío Ludvik.

—Acabo de oír la noticia —dijo abrazando a Hana con un brazo y a George con el otro—. Los dos vienen conmigo. Ustedes tienen que estar con familia, con gente que los quiere.

El tío Ludvik era un hombre cristiano que se había casado con la hermana del padre de Hana y George. Al no ser judío, no era un blanco obvio para los nazis. Pero fue un hombre valiente al llevarse consigo a los niños: la Gestapo había amenazado con severos castigos a quienes ayudaran a los judíos.

Ludvik le pidió a los niños que juntaran sus objetos más

preciados. Hana tomó a su muñeca Nana, regalo que había recibido cuando tenía 5 años y que tenía casi el mismo tamaño que su dueña. George juntó todas las fotos de la familia. Ambos llenaron una maleta con su ropa. Hana eligió una gran maleta marrón que ya había usado antes

George y Hana, con su muñeca Nana, que era casi del tamaño de su dueña.

para viajes con la familia. Le encantaba el forro interior a lunares. Cuando todo estuvo listo, apagaron las luces y cerraron la puerta tras sí.

Esa noche los tíos acostaron a Hana en una cama enorme y la arroparon con un edredón de plumas. —Cuidaremos de ti hasta que tus padres regresen —le prometieron—. Estamos al final del pasillo, si te despiertas durante la noche.

Pero, una vez apagadas las luces, Hana permaneció despierta durante un largo rato, pestañeando en esa oscuridad tan desconocida para ella. Era una cama extraña. Y el mundo —ahora lleno de peligro— parecía estar al revés. "¿Qué pasará ahora?", se preguntó Hana con miedo. Finalmente, cerró los ojos y se durmió.

Se despertó a la mañana siguiente al oír unos ladridos ansiosos por la ventana. Su corazón dio un salto. ¿Qué podía estar sucediendo? Entonces reconoció los sonidos. Era Sylvia, su fiel galgo, que había encontrado el camino para unirse a Hana y George. Al menos algunos amigos —pensó Hana— eran leales. Fue un pequeño consuelo.

Hana, George y su galgo rusa, Sylvia.

La casa de la tía Hedda y el tío Ludvik no era grande, pero sí cómoda, con un pequeño y lindo jardín en la parte de

Hana junto a su querido y valiente tío Ludvik.

atrás. Quedaba muy cerca de la escuela del barrio, y cada día George y Hana observaban a los otros niños con sus bolsos escolares, riendo, jugando, camino de sus clases.

—¡Yo también quiero ir! —exclamó Hana dando un golpe con el pie en el suelo como señal de dolor y frustración. Pero no había nada que hacer.

En los meses que siguieron, el tío Ludvik y la tía Hedda se esforzaron con mucho esmero en mantener ocupados a sus sobrinos. George cortaba leña durante horas. Hana leía libros y jugaba. Era muy querida por sus primos Vera y Jiri. Algunas veces, iba a misa con ellos.

Hana y George ayudando en el campo.

Más tarde, en Theresienstadt, Hana dibujó a gente trabajando en el campo.

Y todos los días a la hora del almuerzo Hana y George regresaban a su antigua casa para comer con el ama de llaves, Boshka, quien los mimaba, abrazaba y besaba, y quien les recordaba la promesa que les había hecho a sus padres: cuidar por la salud de ellos, alimentándolos bien.

Cada dos o tres semanas llegaba una carta del padre, que estaba en la prisión de la Gestapo, en Iglau. George le leía a Hana los fragmentos más gratos. Consideraba que Hana era demasiado pequeña para saber toda la verdad sobre las duras condiciones de la prisión y sobre la desesperación del padre por salir de ella. Sin embargo, no fue lo suficientemente pequeña como para que los nazis no la deportaran.

Nove Mesto, mayo 1942

Una notificación llegó a la casa de la tía Hedda y el tío Ludvik en la que se les ordenaba a Hana y George Brady que se presentaran en un centro de deportación ubicado en Trebic, a 50 kilómetros de Nove Mesto, el día 14 de mayo de 1942. Esta noticia precisamente era la que el tío Ludvik tanto había temido. Llamó a Hana y a George a su estudio y les leyó la carta. Trató de darles la mala noticia de la mejor manera posible: —Harán un viaje —les dijo—. ¡Juntos! Irán a un lugar donde hay muchos judíos, muchos niños con quienes podrán jugar. ¡Tal vez allí no tengan que usar la estrella!

George y Hana apenas pronunciaron palabra. Ambos se sentían tremendamente tristes ante la idea de mudarse una vez más y abandonar a sus tíos.

Hana estaba aterrorizada. Más tarde, mientras Boshka los ayudaba en los preparativos para este extraño viaje, Hana le hacía una pregunta tras otra. "¿Dónde están nuestros padres? ¿Cuándo los volveremos a ver? ¿Dónde iremos a parar? ¿Qué podemos llevar con nosotros?". Boshka no tenía respuestas. El ama de llaves le dijo a Hana que también ella dejaría Nove Mesto para reunirse con su hermano que vivía en una granja.

Herrn, Frau, Fräulein
Pan, paní, slečna

Brady Hanna

100.436

Neustadtl Thb.

13

Diese Vorladung ist mit Genehmigung der Zentralstelle für jüdische Auswanderung Prag (Dienststelle des Befehlshabers der Sicherheitspolizei beim Reichsprotektor in Böhmen und Mähren) als Reisegenehmigung anzusehen.

Tato obsílka platí za cestovní povolení na základě schválení Zentralstelle für jüdische Auswanderung Prag (Dienststelle des Befehlshabers der Sicherheitspolizei beim Reichsprotektor in Böhmen und Mähren).

Über Weisung der Zentralstelle für jüdische Auswanderung Prag haben Sie sich

Z nařízení Zentralstelle für jüdische Auswanderung Prag dostavte se

am - dne **30 IV. 1942**

um - v **10** *Trebitsch* Uhr - hod.

in - do

einzufinden.

Jede vorgeladene Person hat mitzubringen
1. Geburtschein,
2. Bürgerlegitimation (Kennkarte oder einen anderen Beleg über die Staatsbürgerschaft),
3. diese Vorladung.

Neben diesen Personaldokumenten hat jede Person sämtliche Lebensmittelkarten mitzubringen.

Každá předvolaná osoba přinese s sebou
1. rodný list,
2. občanskou legitimaci (průkaz totožnosti nebo jiný úřední doklad o státní příslušnosti),
3. toto předvolání.

Kromě těchto osobních dokladů, přinese každá osoba všechny potravinové lístky s sebou.

Um die vorgeschriebene Vorladungsstunde einhalten zu können, werden Sie den **29.4.42** um - v **18'03**
von - z *Neustadtl n/ber Saar* Uhr - hod.

abgehenden Zug benützen.

Zur Rückreise müssen Sie, den **16'38** Uhr - hod.
vom Vorladungsort abgehenden Zug benützen.

Abyste dodržel(a) hodinu, na kterou jste byl(a) předvolán(a), použijete vlaku, který odjíždí

K návratu musíte nastoupiti do vlaku, který opouští

místo předvolání.

Kinder bis zu 4 Jahren müssen nicht persönlich erscheinen, doch müssen ihre Eltern oder verantwortl. Aufseher, sowohl die Personaldokumente, als auch diese Vorladung und die Lebensmittelkarte vorlegen. Kranke und alte Personen, die nicht persönlich erscheinen können, müssen neben allen Dokumenten ein amtsärztliches Zeugnis vorlegen lassen. Dieses Zeugnis muß eine genaue Diagnose der Krankheit enthalten.

Děti do 4 let se nemusí osobně dostaviti, avšak jejich rodiče nebo jejich zodpov. dozorce musí předložiti jak jejich osobní doklady, tak i toto předvolání a všechny potravinové lístky. Nemocné a staré osoby, které se nemohou osobně dostaviti, dají za sebe předložiti všechny doklady a mimo to vysvědčení úředního lékaře. Toto vysvědčení musí obsahovati přesnou diagnosu nemoci.

JÜDISCHE KULTUSGEMEINDE IN PRAG
ŽIDOVSKÁ NÁBOŽENSKÁ OBEC V PRAZE

Este documento, fechado el 30 de abril de 1942, ordena que Hana sea deportada de casa de su tío. De hecho, fue enviada a Theresienstadt el 14 de mayo.

Hana sacó la gran maleta marrón con el forro interior a lunares que estaba debajo de su cama. Guardó en ella un saco de dormir para llevarse consigo el olor de su hogar, sin importar cuán lejos fuesen trasladados. Lo mismo hizo George. Guardaron también salami y azúcar entre la ropa, para comer durante el viaje, así como algunos recuerdos.

Al tío Ludvik se le quebraba el corazón ante la perspectiva de separarse de sus sobrinos. Le pidió a un cochero que los llevara al centro de deportación. Simplemente no podía soportar tener que hacerlo él mismo. Tanto el tío como su esposa reprimieron las lágrimas mientras se despedían de Hana y George. Les prometieron que los esperarían en Nove Mesto, una vez que la guerra llegara a su fin. Cuando el cochero hizo sonar las campanillas y los caballos echaron a andar, nadie pronunció una palabra.

Unas horas más tarde, el cochero dejó a Hana y a George frente a un enorme depósito. Los niños se sumaron a la fila que ya se había formado cerca de la entrada. Cuando llegaron a la mesa de registro, dieron sus nombres a un soldado que tenía el entrecejo fruncido. Éste les hizo una señal para que entraran en el edificio, oscuro y sin aire.

En el interior, el piso estaba cubierto de colchones. Hana y George encontraron dos que estaban juntos, en un rincón, y se sentaron. Cuando miraron a su alrededor, se dieron cuenta de que había muy pocos niños, casi ninguno. Pero había centenares de hombres y mujeres judíos, aguardando para ser enviados a un lugar llamado Theresienstadt. Todos estaban siendo deportados.

Durante cuatro días y cuatro noches, Hana y George permanecieron en el edificio, comiendo la comida que habían traído en las maletas y durmiendo en aquellos colchones. A pesar de que algunas personas se esforzaban por ser amables con los niños, Hana y George no estaban con ánimos para compañía. Se tenían el uno al otro y pasaban el tiempo leyendo, hablando, durmiendo y pensando en su hogar. Éste fue el lugar donde Hana cumplió once años, el 16 de mayo de 1942, con unos pocos caramelos y el resto de una vela.

Tokio, junio 2000

La exposición "El Holocausto visto a través de los ojos de los niños" convocó a más visitantes, tanto adultos como niños, de lo que había soñado Fumiko. La historia del Holocausto era nueva para la mayoría de las personas que llegaba al Museo. Tal y como Fumiko había esperado, la tragedia se volvía algo concreto y real a partir de los objetos allí reunidos y la historia que éstos contenían.

Si bien estaban interesados en el zapato, la lata de gas Zyklon B y el pequeño suéter, era la maleta el objeto de una atención privilegiada. Constantemente, los niños y sus padres se agrupaban alrededor de ella y examinaban lo que estaba escrito en la superficie: Hana Brady, 16 de mayo de 1931, *Waisenkind* — huérfana. Leían los poemas escritos por los miembros de "Pequeñas Alas". Y admiraban los dibujos que Hana había hecho en Theresienstadt.

—¿Saben algo más sobre ella? —preguntaban—. ¿Qué le sucedió? ¿Cómo era?

Es así que Fumiko decidió redoblar sus esfuerzos para encontrar una foto de Hana. En algún lugar, alguien tenía que ser capaz de ayudarlos. Fumiko volvió a escribir al

Museo del Gueto de Terezin. Un no fue la respuesta. Ya le hemos dicho. No sabemos nada acerca de una niña llamada Hana Brady.

Pero Fumiko, simplemente, no podía aceptarlo. Decidió ir ella misma a Terezin.

Centro de deportación, mayo 1942

En la mañana del cuarto día sonó un fuerte silbido y un soldado nazi entró en el edificio. Hana y George se acurrucaron en su rincón mientras el soldado impartía, a gritos, las órdenes.

—Todo el mundo debe presentarse en las vías del ferrocarril en una hora. Cada persona puede llevar una maleta. 25 kilos. Ni un gramo más. Formen filas ordenadas. No hablen. Hagan lo que se les ordena.

La voz era muy cruel, dura y amenazadora. Inmediatamente, Hana y George juntaron sus pertenencias. Los adultos trataban de ayudarlos, asegurándose de que los niños estuviesen listos. Pobres criaturas, pensaban para sus adentros. Un viaje tan duro, y solos, sin sus padres.

Bajo la mirada amenazadora de los soldados, todos abandonaron el depósito en fila y se alinearon al costado de las vías del tren. Bajo el brillante sol de la mañana, Hana y George subieron a un tren oscuro, llevando sus maletas. Más gente continuó subiendo. Una vez que el vagón estuvo lleno, las puertas se cerraron de manera violenta y el tren comenzó a moverse.

Terezin, julio 2000

Theresienstadt. El nombre que los nazis dieron al pueblo checo de Terezin. Fumiko sabía que para resolver el misterio de la maleta de Hana, ella tenía que viajar a ese lugar. Pero, ¿cómo? La República Checa estaba a miles de kilómetros de distancia de Japón y el viaje en avión costaba mucho dinero, una cifra que Fumiko no tenía.

Pero esta vez la suerte estuvo de su parte. Fumiko fue invitada a asistir a una conferencia sobre el Holocausto, organizada en Inglaterra. Desde allí, la distancia a Praga, la capital de la República Checa, era mucho más corta. Desde la ciudad capital, Terezin quedaba sólo a dos horas de viaje. Fumiko estaba ansiosa por partir.

En la mañana del 11 de julio del año 2000, Fumiko bajó del ómnibus en la plaza principal de Terezin. A primera vista, se veía como un pueblo pintoresco entre tantos otros. Calles amplias con hileras de árboles y casas muy bien mantenidas, de tres pisos, con flores en las ventanas. Pero Fumiko apenas lo notó. Tenía exactamente un día para cumplir su misión. Esa misma noche debía estar de regreso en Praga. Su avión a Japón partía a la mañana siguiente.

Fumiko no había llamado con anterioridad, no tenía cita en el Museo. Pero, en la plaza principal, pronto vio un largo edificio de dos pisos pintado de un amarillo pálido. Era el Museo del Gueto de Terezin.

Fumiko abrió la pesada puerta principal y entró a la sala donde reinaba un misterioso silencio. ¿Dónde estaba todo el mundo? Asomó la cabeza al interior de algunas oficinas alejadas de la entrada principal. Estaban vacías. Parecía no haber nadie en el edificio.

Fumiko viajó a Terezin.

"¿Qué pasará?", se preguntó Fumiko. "¿Será que todos han salido a almorzar?" No, es temprano, son las 10 de la mañana. Salió a la plaza y tocó la espalda de un hombre que parecía amigable y que estaba sentado en un banco.

—¿Puede ayudarme? —le preguntó—. Busco a alguien que me pueda ayudar en el Museo.

—¡Hoy no va a encontrar a nadie, señorita! Hoy es feriado y toda la gente que trabaja en el Museo está celebrando —respondió el hombre—. Hoy no es su día de suerte.

Theresienstadt, mayo 1942

El viaje en tren fue tranquilo, sin sobresaltos. La gente estaba retraída, absorta en sus propios pensamientos y su miedo al futuro. Después de unas pocas horas, el tren se detuvo de golpe. Las puertas se abrieron abruptamente y los aterrorizados pasajeros que estaban parados cerca de ellas pudieron ver el cartel que decía "Estación Bohusovic". Mientras Hana y su hermano arrastraban las maletas fuera del tren, Hana entrecerró los ojos cegada por la luz del sol. Allí les fue ordenado que hicieran a pie el resto del camino hasta la fortaleza de Theresienstadt.

Eran unos pocos kilómetros, pero sus maletas eran pesadas y difíciles de llevar. "¿Debemos dejar algunas cosas aquí, para alivianar nuestra carga?", se preguntaban. No, todo era muy valioso, los únicos recuerdos de su vida pasada. George llevó su maleta, y colocaron la otra en un carro que era empujado por prisioneros.

Hana y George se acercaron a la entrada de la fortaleza amurallada y se unieron a la fila. Todos usaban una estrella amarilla, como ellos.

Al comienzo de la fila, un soldado le preguntaba el

*Hana hizo este dibujo de gente bajando del tren
mientras estaba en Theresienstadt.*

nombre, la edad y el lugar de nacimiento a cada persona. Los niños y los hombres eran enviados hacia un lado, las niñas y las mujeres hacia el otro.

—¿Adónde van? —Hana le preguntó a George. Lo que más temía era que la separaran de su hermano—. ¿Puedo quedarme contigo? —rogó.

—¡Tranquila, Hana! —le dijo George—. No hagas escándalo.

Cuando les llegó su turno, el soldado los miró fijamente:

—¿Dónde están sus padres? —inquirió.

—Están… en otro… campo —balbuceó George—. Esperábamos reunirnos con ellos aquí.

El soldado no estaba interesado en la conversación. Escribió sus nombres en las fichas y revisó las maletas en busca de dinero y joyas. Luego cerró el equipaje violentamente.

—¡A la izquierda! —le ordenó a George—. ¡A la derecha! —le gritó a Hana.

—Por favor, ¿puedo quedarme con mi hermano? —rogó Hana.

—¡Muévete! ¡Ahora! —ordenó el soldado.

Lo que Hana más temía estaba a punto de ocurrir. George le dio un abrazo y le dijo: —No te preocupes. Te buscaré tan pronto como pueda.

Reprimiendo las lágrimas, Hana levantó la maleta y siguió a las otras niñas al *Kinderheim* (hogar de chicas) L410, un gran cuartel para niñas, que sería el hogar de Hana durante los dos años siguientes.

Terezín, julio 2000

Fumiko no lo podía creer. Estaba muy enojada con ella misma y con su mala suerte. "Hice este viaje tan largo y todos los que me podrían ayudar están de vacaciones. ¿Cómo hice para elegir un fecha tan mala para venir al Museo de Terezin? ¿Cómo pude ser tan estúpida?", pensó. "¿Qué hago ahora?".

Mientras el sol le golpeaba la cara, una lágrima de frustración se deslizó por su mejilla. Decidió regresar al museo para intentar organizar sus pensamientos. Tal vez podría llegar a elaborar un plan diferente.

Mientras estaba sentada en el vestíbulo del museo, escuchó el sonido de algo que crujía. Parecía provenir de una de las oficinas del fondo. Fumiko caminó en puntas de pie en dirección al ruido extraño. Allí, en la última oficina, encontró a una mujer con lentes que le colgaban de la punta de la nariz, ordenando y arreglando un montón de papeles.

Sorprendida, la mujer casi da un salto en la silla cuando vio a Fumiko:

—¿Quién es usted? —preguntó—. ¿Qué hace aquí? El museo está cerrado.

—Mi nombre es Fumiko Ishioka —respondió ella—. Viajé desde muy lejos, de Japón, para encontrar algo acerca de una niña que estuvo aquí, en Theresienstadt. Tenemos su maleta en nuestro museo en Tokio.

—Regrese otro día —contestó la mujer de manera educada— y alguien intentará ayudarle.

—Pero no tengo otro día —exclamó Fumiko—. Mi avión a Japón sale mañana por la mañana. Por favor —rogó—, ayúdeme a encontrar a Hana Brady.

La mujer se quitó los lentes. Miró con intensidad a la joven japonesa y pudo ver su ansiedad y determinación. La mujer checa dio un suspiro:

—Está bien —dijo—. No puedo prometerle nada. Pero haré el intento y trataré de ayudarle. Mi nombre es Ludmila.

Theresienstadt, 1942–1943

Kinderheim L410 era un edificio grande y austero, que tenía alrededor de diez habitaciones. Veinte niñas dormían en cada una de ellas, sobre colchones de arpillera rellenos de paja, en literas de tres. Antes de la guerra, el pueblo albergaba a 5.000 personas. Los nazis multiplicaron por diez ese número, atestando el lugar de prisioneros.

Nunca había suficiente espacio, ni suficiente comida, ni oportunidad de tener un momento privado. Había demasiada gente, infinidad de insectos y ratas, y muchos nazis que patrullaban el campo imponiendo una disciplina cruel.

Al comienzo, Hana, como era pequeña, no estaba autorizada a salir del edificio. Esto significaba que no podía ver a su hermano. George vivía en Kinderheim L417, que era exclusivamente para varones y estaba situado a una distancia corta. Hana lo extrañaba terriblemente y todo el tiempo les preguntaba a sus compañeras mayores, a quienes sí les estaba permitido salir, si tenían noticias de él. Estas niñas tomaron a Hana bajo su protección, porque sentían compasión por ella, sola en el mundo, sin sus padres y lejos de su hermano.

Hana se hizo amiga de Elha, una niña mayor que dormía en la litera vecina. Era de baja estatura, morena y muy jovial. Se reía fácilmente y estaba feliz de compartir las horas con una niña menor que la respetaba y a quien podía confortar en momentos difíciles.

El hombre que entregaba tickets para la comida le tomó simpatía a Hana y se preocupaba por su salud. Sabía que Hana siempre tenía hambre. Amable, el hombre le ofrecía a escondidas tickets extra para un cucharón más de sopa aguada, un trozo más de pan negro. El estómago de Hana gruñía y su boca se hacía agua ante la posibilidad de un poco más de comida, pero cada vez que el hombre se lo ofrecía, ella, educada, decía que no. Había sido prevenida por Elha y las otras chicas mayores: si la descubrían desobedeciendo alguna regla, el castigo sería severo.

Separadas de sus familias, hacinadas en espacios reducidos, mal alimentadas, intentaban pasarlo lo mejor posible en esas terribles circunstancias. Las que tenían más de 15 años trabajaban en el jardín, donde cultivaban frutas, vegetales y flores para los soldados nazis. De vez en cuando, el señor Schwartzbart, quien estaba a cargo del jardín, le permitía a Hana que lo visitara con el grupo de las niñas que trabajaban, para que pudiese disfrutar del aire fresco y del sol. Hana apreciaba profundamente la oportunidad de trabajar en el jardín con las niñas mayores. Y había una bonificación extra. Una arveja verde por aquí, una fresa por allá, siempre encontraban el camino a la boca de una niña hambrienta.

Pero, la mayoría de las veces, Hana debía quedarse con las niñas de su misma edad o más pequeñas, y obedecer al supervisor asignado a su cuarto. Todos los días quitaban el polvo, limpiaban y barrían debajo de las literas. Lavaban los platos, así como sus rostros, bajo una bomba de agua. Pero además, todos los días se dictaban clases secretas en el desván de Kinderheim L410.

En las lecciones de música las niñas aprendían nuevas canciones. Cantaban muy bajo para que los guardias no pudieran oírlas. Al finalizar cada clase, se elegía a una niña para que cantase la canción favorita de su hogar. Cuando le tocaba a Hana, ella siempre cantaba una canción llamada "Stonozka", la del ciempiés.

Su vida no es dulce.
Imaginen cómo sufre
caminando tanto que le duelen los pies.
Tiene una buena razón para quejarse.
Entonces cuando quiero llorar
simplemente recuerdo al ciempiés.
Imagino estar en sus zapatos
y mi vida parece en verdad más dulce.

Había también clases de costura. Nunca en su vida Hana había dado una puntada y le fue sumamente difícil cuando tuvo que tomar una aguja por primera vez. A menudo, la profesora tenía que pedirle a Hana que no se riese como una chiquilla tonta cuando se equivocaba. Sin embargo, Hana pudo terminar una blusa azul de la que estaba orgullosa.

Las clases favoritas de Hana eran las de arte. Pero la pintura y los materiales para dibujar eran difíciles de

El dibujo de Hana de gente en un picnic bajo una sombrilla,
a orillas de un río.

conseguir. Algunas personas se las habían arreglado para pasar de contrabando algunos de estos materiales · en sus maletas. También habían podido robar papel de los depósitos nazis, a menudo corriendo un gran peligro. Se usaba el simple papel de envoltura cuando no había otro donde dibujar. De una manera u otra, en los primeros tiempos, siempre había crayones y lápices de colores.

La maestra de arte, Friedl Dicker-Brandeis, había sido una pintora famosa, y ahora era prisionera en Theresienstadt. Friedl les enseñaba a sus alumnos cosas serias como la perspectiva y la textura. También, a veces, las niñas hacían dibujos de temas serios: las paredes del gueto, gente que hacía cola para obtener su ración de comida, prisioneros golpeados por los soldados nazis.

Pero, más que ninguna otra cosa, Friedl quería que sus clases ayudaran a las niñas a olvidar ese entorno tan cruel, al menos por un momento.

—Piensen en el espacio —les decía a Hana y a las demás—. Piensen en la libertad. Dejen que su imaginación vuele lejos. Cuéntenme qué hay en sus corazones. Dibújenlo.

Como un regalo, Friedl las llevaba a la azotea del edificio para que estuviesen más cerca del cielo. Desde allí podían mirar más allá de los muros del campo y ver en la distancia las montañas que rodeaban el lugar. Las niñas podían soñar con pájaros y mariposas, con lagunas y columpios. Y, usando sus crayones y lápices, podían darles vida.

Cuando las clases terminaban y todas las tareas habían sido realizadas, las niñas jugaban un juego de mesa llamado *Smelina*, inventado directamente allí, en el gueto. Estaba basado en "Monopolio" y creado para los niños por un ingeniero llamado Oswald Pock, quien había sido deportado a Terezin. Los jugadores aterrizaban en propiedades como *Entwesung*, la estación para despiojar, donde se desinfectaba la ropa, y en los cuarteles de los guardias. En lugar de construir un hotel, los jugadores edificaban un *kumbal*, una buhardilla secreta sobre los mismos cuarteles. Como dinero, los jugadores usaban los billetes del gueto llamados *kronen*.

Pero, a pesar de todas estas distracciones, Hana siempre terminaba sintiéndose hambrienta y sola. Extrañaba terriblemente a George. Un día se anunció que el gueto cambiaría el reglamento. Se autorizaba a las niñas a salir una vez a la semana por dos horas.

Inmediatamente, Hana corrió a través de la plaza hacia la Casa de chicos: —¡George, George Brady! —gritó—. ¿Dónde está mi hermano? ¿Han visto a mi hermano?

Corrió de cuarto en cuarto, preguntándole a cada niño con el que se cruzaba. Tan desesperada estaba por encontrar a su hermano que abrió la puerta de un baño. Y allí estaba George, arreglándoselas con su nuevo trabajo de plomero. ¡Qué encuentro tan feliz! George arrojó las herramientas y Hana corrió hacia él. Se rieron, y también lloraron. Las preguntas saltaban una tras otra. "¿Estás bien? ¿Has escuchado algo sobre nuestros padres? ¿Tienes suficiente comida?". Desde ese momento, aprovecharon cada oportunidad que les era concedida, simplemente para estar muy juntos.

George asumió con mucha seriedad su papel de hermano mayor. Sentía que era su deber proteger a Hana y asegurarse de que no se metiese en problemas. Quería que estuviese lo más feliz y sana posible hasta que se reuniesen de nuevo con sus padres.

Y Hana era igualmente protectora con su hermano. En Terezin, donde nunca había suficiente comida, los prisioneros recibían una pequeña *buchta*, una simple y pequeña rosca, una vez a la semana. Hana nunca comía la suya. La reservaba para George, para que él se mantuviera con fuerza y también para que tuviese algo dulce que comer.

En Theresienstadt, a Hana le parecía que cada día llegaba más gente. Hombres, mujeres y niños llegaban de todas partes, al principio de Checoslovaquia, y más tarde de otros países europeos. Cada vez que un nuevo grupo de personas bajaba de los trenes, Hana buscaba alguna cara familiar. Y, cuando se sentía valiente, se acercaba a algún extraño y le preguntaba: —¿Conoce usted a mi madre o a mi padre? ¿Ha estado en un lugar llamado Ravensbruck? ¡Mi madre está allí! ¿Tiene alguna noticia de Karel y Marketa Brady? —Las respuestas eran siempre las mismas pero pronunciadas con amabilidad y una pena apenas disimulada—: No, querida, no conocemos a tu madre ni a tu padre. Pero si nos enteramos de algo —cualquier cosa— te buscaremos y te lo diremos.

Un día una cara familiar en efecto apareció —una vieja amiga de sus padres que no tenía hijos. En un primer momento, Hana se conmovió al verla. Todo lo que le recordara su hogar y la llevase un paso más cerca de su madre y su padre era un gran consuelo. Pero de pronto, dondequiera que Hana estuviese, la mujer la esperaba. Acariciaba las mejillas de Hana, le daba besos. Pero un día fue demasiado lejos: —Ven conmigo, pequeña —le dijo la mujer, extendiendo su mano—. Recuerda todos los buenos momentos que pasamos juntas. No seas tímida. No estés sola. Puedes venir a verme todos los días. Puedes llamarme 'madre'.

—Yo ya tengo madre —exclamó Hana rápidamente—. ¡Váyase! Déjeme sola.

Hana se negó a volver a ver a la mujer. Extrañaba a su propia madre. Nadie podía ocupar su lugar.

Terezin, julio 2000

En el museo del gueto de Terezin, Ludmila se sentó detrás del escritorio y miró fijamente a la joven mujer japonesa sentada en el borde de la silla frente a ella. La intensa determinación de Fumiko se reflejaba en su cara, algo que le agradó a Ludmila. Iba a ayudarla a encontrar más información sobre esta niña, Hana Brady.

Tomó un gran libro de un estante. En su interior se encontraban los nombres de aproximadamente 90.000 hombres, mujeres y niños que habían sido prisioneros en Theresienstadt y transportados al Este. Fueron a la letra "B": Brachova, Herminia. Brachova, Zusana. Brada, Tomas. Bradacova, Marta. Bradleova, Zdenka.

—Aquí está —gritó Ludmila. Y allí estaba: Hana Brady, 16 de marzo de 1931.

—¿Cómo puedo saber más? —preguntó Fumiko.

—Ojalá pudiera saberlo —contestó la mujer.

—Pero mire —dijo Fumiko, señalando otra línea en el libro. Había otro Brady, que aparecía justo encima del nombre de Hana. "¿Podría ser un familiar?", se preguntó la joven japonesa en voz alta. Ludmila miró la fecha de nacimiento. Tres años de diferencia: —Sí —dijo— es muy probable que sea su hermano. Los nazis registraban a los familiares en grupo.

Hubo algo más que Fumiko notó. Había una marca al lado del nombre de Hana. De hecho, había una marca al lado de todos los nombres que figuraban en la hoja —excepto en uno. Al lado del otro Brady, George Brady, no había nada. ¿Qué significaba aquello?

581	Wolfenstein Helene	37581 / AZ-315	Haushalt	15. 6. 1890	Gr. Meseritsch Oberstadt 350	100716
582	Wolfenstein Walter	37582 / AZ-316	Arbeiter	19.10. 1913	Gr. Meseritsch Oberstadt 350	100719
583	Wolfenstein Sidonie	37583 / AZ-317	Schneiderin	10. 1. 1911	Gr. Meseritsch Oberstadt 350	100718
584	Schück Ing. Friedrich	37584 / AZ-318	Masch.Ing.	23. 6. 1891	Unter Bobrau 81 Dolní Bobrová	100646
585	Drechsler Simon	37585 / AZ-319	Kaufmann	3. 8. 1933	Gr. Meseritsch Dalimilg.55	100463
586	Schnabel Rudolfine	37586 / AZ-320	Haushalt	30. 3. 1877	Unter Bobrau 81	100643
587	Schück Dr. Ottokar	37587 / AZ-321	Arzt	4.11. 1894	Unter Bobrau 81	100649
588	Schück Edith	37588 / AZ-322	Haushalt	17. 5. 1907	Unter Bobrau 81	100641
589	Schück Jarmar	37589 / AZ-323	Schülerin	30.3. 1930 / 30. 3.	Unter Bobrau 81	100643
590	Schück Zdenko	37590 / AZ-324	Schüler	31. 7. 1938 / 31.7. 1938	Unter Bobrau 81	100650
591	Fein Anna	37591 / AZ-325	Private	9. 6. 1890	Neustadtl 1.M.123 Nové Město Morava	100491
592	Lauer Irma	37592 / AZ-326	Ausgehilfin	31. 8. 1933	Teltsch Lindekg181 dzt.Trebitsch Iglauer Tor 1	100177
593	Thierfeld Emma	37593 / AZ-327	Haushalt	13. 3. 1887	Stadt Saar 63	100636
594	Schwartz Irene J.	37594 / AZ-328	Fotografin	3.12. 1915	Stadt Saar 63 Město Žďár	100654
595	Thierfeld Paul	37595 / AZ-329	Arbeiter	16. 3. 1935	Stadt Saar 63	100633
596	Brady Georg	37596 / EK-825	Schüler	9. 2. 1928	Neustadtl 1.M.13	100435
597	Brady Hana	37597 / ET-348	Schülerin	16. 5. 1931	Neustadtl 1.M.13	100436
598	Jillisch Anna	37598 / AZ-338	Haushalt	27. 1. 1901	Bsohesetz 28.11 Březejc	100714
599	Blum Irene	37599 / Equ-416	Haushalt	15.10. 1891	Gr. Meseritsch Dalimilg.23	100433
600	Buchsbaum Elsa	37600 / Es-372	Haushalt	13.12. 1892	Gr. Meseritsch Dalimilg.23	100418

Av

Fumiko conoce a través de esta lista que Hana tenía un hermano.

Theresienstadt, 1943–1944

Los días y los meses pasaban, y Theresienstadt estaba cada vez más poblado y confinado. Continuamente llegaban más trenes cargados de gente. Por consiguiente, esto significó menos comida para todos; la gente comenzó a debilitarse y a enfermarse. Los más viejos y los niños eran quienes corrían los mayores peligros.

Un día, transcurrido un año en el gueto, Hana recibió un mensaje urgente de su hermano: —Búscame en la Casa de chicos a las seis de la tarde. Tengo una maravillosa sorpresa para ti.

George estaba ansioso por compartir la buena noticia:
—¡Abuela está aquí! ¡Llegó anoche!

Los niños estaban muy emocionados ante la idea de ver a su abuela. También estaban preocupados. La abuela de George y Hana era una mujer refinada que vivía una vida confortable y rodeada de cultura en la ciudad capital, Praga. Esta abuela generosa era quien les había regalado sus patinetas. Cuando visitaban la gran ciudad, siempre les brindaba plátanos y naranjas. Durante los últimos años había estado bastante enferma. ¿Cómo iba a ser capaz de

El renovado cuartel de chicas en Theresienstadt, donde vivió Hana.

adaptarse a este lugar terrible? No muy bien, como finalmente comprobaron.

Los niños la encontraron en un desván sobrepoblado, donde había sólo paja sobre la cual dormir. Ella era una de las tantas personas mayores y enfermas. Esto ocurrió a mediados de julio y la buhardilla hervía de calor. Se impresionaron ante lo que vieron. Su amable y elegante abuela se veía terrible. Su bellísimo cabello blanco, siempre perfectamente peinado, ahora era un desastre. Su ropa estaba hecha harapos.

—Te traje una de mis pinturas —exclamó Hana, pensando que así podía alegrarla. Pero su abuela apenas podía virar la cabeza. Entonces Hana dobló el basto papel y convirtió su dibujo en un abanico: —Descansa —le dijo a su abuela mientras trataba de producir una brisa fresca. Hana se sentía orgullosa de ser la responsable de que su abuela se sintiera mejor.

Pronto Hana supo que los ancianos en Theresienstadt recibían las peores y las más pequeñas raciones. La comida que recibía su abuela no era suficiente y a menudo estaba llena de insectos. Y no había medicinas. Los niños la visitaban tantas veces como les era posible e intentaban alegrarla, llevándole las artesanías que habían realizado o cantándole las canciones que habían aprendido.

—Estos malos tiempos pronto terminarán —la consolaba George.

—Mamá y papá confían en que todos nosotros permanezcamos fuertes —decía Hana.

Pero, a los tres meses, la abuela murió. Salvo Hana y George, poca gente se dio cuenta. La muerte convivía con ellos. De hecho, la gente moría tan rápido que el cementerio estaba lleno. Apoyándose el uno en el otro, Hana y George intentaban recordar los tiempos felices con su abuela. Y también lloraban juntos.

Mucha gente llegaba a Terezin, pero otra tanta salía. Hombres y mujeres eran apilados en vagones de carga y enviados al Este, hacia un destino desconocido. Los rumores sobre estos traslados recorrían el recinto de Theresienstadt.

Algunos intentaban convencerse, a ellos mismos y a los demás, de que les aguardaba una vida mejor. Pero mientras los días pasaban, los rumores de brutalidad y asesinatos en masa empezaron a circular abiertamente. Cuando la gente hablaba sobre ello, Hana se tapaba los oídos.

Cada dos o tres semanas, las temidas listas eran exhibidas en cada edificio. Las personas cuyos nombres figuraban en ellas tenían que presentarse en el plazo de dos días en una sala de reunión que estaba cerca de la estación.

Listas. Por todas partes había listas. Los nazis eran controladores sistemáticos de listas y querían que todos los prisioneros lo supiesen. A través de un constante recuento y listado de personas, los nazis les recordaban a los prisioneros quiénes mandaban. Todo el mundo sabía que encontrar su nombre en una lista, o recibir una notificación, significaba ser trasladado, con la consiguiente separación de la familia y los amigos.

Una mañana, mientras Hana realizaba sus tareas, todos los que estaban en el campo recibieron la orden de detener lo que estaban haciendo y dirigirse a un gran campo fuera del pueblo. Todos —viejos y jóvenes— marcharon hacia afuera bajo las órdenes de los guardias nazis que llevaban ametralladoras. Les ordenaron a los prisioneros que permaneciesen allí, sin comida, sin agua, y con la sensación de que algo terrible estaba a punto de suceder. Hana y las otras niñas no se atrevían a emitir un simple murmullo.

Hana no podía soportar la posibilidad de separarse de George. O de las niñas de Kinderheim L410, que se habían convertido casi en sus hermanas. ¿No era ya suficiente que estuviesen alejados de sus padres? Elha permaneció parada junto a Hana tratando de animarla con sonrisas y guiños. Pero, después estar de pie durante cuatro horas, Hana ya no pudo contener su desesperación. Comenzó a llorar.

Elha le deslizó un pequeño pedazo de pan que tenía escondido en su abrigo: —Come esto, Hana —le imploró suavemente—. Te sentirás mejor. —Pero Hana seguía llorando. Entonces la niña mayor se volvió hacia ella: —Escúchame bien —le susurró—. Estás triste y asustada. Así es cómo los nazis quieren vernos, a todos nosotros. No debemos darles la satisfacción, Hana. No puedes darles lo que ellos esperan. Somos más fuertes y mejores que eso. Debes secarte esas lágrimas, Hana, y poner una cara valiente.

Milagrosamente, Hana lo hizo.

El comandante nazi comenzó a vociferar nombres. Todo el mundo tenía que responder. Finalmente, transcurridas ocho horas de estar parados bajo un viento helado, recibieron la orden de marchar nuevamente hacia las barracas.

Era septiembre de 1944. Cuando los nazis comenzaron a darse cuenta de que estaban perdiendo la guerra, anunciaron que más gente dejaría Theresienstadt. Los traslados se agilizaron. Ahora una nueva lista de nombres aparecía a diario.

Cada mañana, con el corazón latiendo con violencia, Hana corría a la entrada principal del edificio donde colocaban la nueva lista. Y un día ahí estaba, el nombre que temía encontrar, el de George Brady. Sus rodillas se doblaron. Se sentó en el piso y comenzó a llorar. George, su queridísimo hermano, su protector, sería enviado al Este. Ese niño fuerte, ahora un joven, recibía la orden de embarcarse en el tren junto con otros 2.000 hombres aptos físicamente como él.

En su último encuentro, en el sucio callejón entre la Casa de chicos y Kinderheim L410, George le pidió a Hana que lo escuchase con atención.

—Me voy mañana —dijo—. Ahora, más que nunca, debes comer tanto como puedas. Debes tomar aire fresco a cada oportunidad. Debes cuidar tu salud. Sé fuerte. Aquí está mi última ración. Come hasta la última miga.

George le dio a Hana un abrazo grande y protector, y con un gesto suave le retiró el cabello de la cara: —Le prometí a mamá y a papá que cuidaría de ti, que te llevaría a salvo a casa para estar todos nuevamente reunidos. No quiero romper esa promesa.

Sonó el silbato del toque de queda y George partió.

El desaliento y la desesperanza invadieron a Hana. No podía soportar la separación de su hermano. Primero sus padres, y ahora George. Se sentía tan sola en el mundo. Cuando las otras chicas trataban de alegrarla, Hana viraba el rostro o incluso les contestaba bruscamente: —¿Es que no pueden dejarme sola?

Sólo la amable Elha podía convencerla de que comiese su pobre ración: —Recuerda lo que te dijo tu hermano. Es necesario que te cuides y permanezcas fuerte. Hazlo por él.

Cuatro semanas más tarde, Hana recibió la noticia de que ella también sería enviada al Este. ¡Una reunión!

—Veré nuevamente a George —le dijo a todo el mundo—. Él me está esperando.

Fue en busca de Elha: —¿Puedes ayudarme? —preguntó—. Quiero verme bonita cuando me reencuentre con mi hermano. Quiero mostrarle que me he cuidado. —A pesar de sus propios miedos, Elha no quería desalentar las esperanzas de su joven amiga. Le sonrió y comenzaron a trabajar. Elha trajo agua de la bomba y usó el último pedazo de jabón que tenía para lavar la cara de Hana, y su enredado y sucio cabello. Con un trozo de trapo ató el cabello de su pequeña amiga en una cola de caballo. Pellizcó las mejillas de Hana para darle un poco de color. Elha se alejó un poco para ver los resultados de su esfuerzo. La cara de Hana brillaba esperanzada.

—Gracias, Elha —dijo Hana, abrazándola—. No sé qué haría sin ti. —Era la primera vez, desde la partida de George, que Hana se veía feliz.

Esa noche Hana hizo su maleta. No había mucho que guardar: algunas prendas gastadas, uno de sus dibujos favoritos de las clases de arte de Friedl, un libro de cuentos que Elha le había regalado. Cuando terminó de hacer su equipaje, Hana se acostó en la litera y durmió su última noche en Theresienstadt.

A la mañana siguiente, ella y muchas otras niñas de Kinderheim L410 marcharon hacia las vías del tren. Los guardias nazis gritaban órdenes y sus perros mostraban los dientes y gruñían. Nadie se salía de la fila.

—¿Dónde piensas que vamos? —le susurró Hana a Elha. En realidad nadie lo sabía. Las niñas entraron en el oscuro vagón, de a una, hasta que no hubo más espacio en el tren. El aire se volvió agrio. Y las ruedas comenzaron a girar.

El tren traqueteó durante un día y una noche. No había comida. No había agua. No había baños. Las niñas no tenían la menor idea de la duración del viaje. Sus gargantas estaban resecas, les dolían los huesos, tenían punzadas de hambre en el estómago.

Trataban de consolarse unas a otras cantando las canciones de sus hogares.

—Recuéstate sobre mí —le dijo Elha—, y escucha, Hana.

Entonces cuando quiero llorar
simplemente recuerdo al ciempiés.
Imagino estar en sus zapatos
y mi vida parece en verdad más dulce.

Las niñas estaban agarradas de la mano. Cerraban los ojos y trataban de imaginar que estaban en algún otro lugar. Cada una imaginaba algo diferente. Cuando Hana cerraba los ojos, veía la cara fuerte y sonriente de su hermano.

Y entonces, de pronto, en medio de la noche del 23 de octubre de 1944, las ruedas del tren se detuvieron con un chirrido. Se abrieron las puertas. Las niñas recibieron la orden de bajar del vagón. Era Auschwitz.

Un guardia enojado les ordenó que se mantuviesen firmes y calladas en la plataforma. Sostenía firmemente la correa de un gran perro que estaba empeñado en abalanzarse. Rápidamente, el guardia miró de arriba abajo al grupo. Hizo restallar su látigo en dirección a una niña que siempre había sentido vergüenza por su altura: —¡Tú —el guardia gritó— allí, a la derecha! —El látigo se dirigió hacia otra de las niñas—: Tú, allí, también. —Luego llamó a un grupo de jóvenes soldados que estaban parados en el borde de la plataforma—: ¡Llévenlas, ahora! —ordenó señalando a Hana y al resto del grupo. Los enormes reflectores que había en el lugar cegaron a las niñas.

—Dejen sus maletas en la plataforma —ordenaron los soldados.

A través de un portón de hierro trabajado y bajo la mirada vigilante de perros atemorizantes y hombres uniformados, Hana y sus compañeras de cuarto mayores marcharon. Hana agarraba firmemente la mano de Elha. Pasaron por grandes barracas, vieron las caras enflaquecidas de los prisioneros, con sus uniformes a rayas, que dirigían sus miradas hacia ellas desde las puertas. Recibieron la orden de entrar en un gran edificio. La puerta se cerró detrás de ellas con un estruendo espeluznante.

Terezin, julio 2000

—¿Qué significa la marca de registro? —preguntó Fumiko mientras observaba la hoja que contenía los nombres de Hana Brady y George Brady.

Ludmila dudó y luego le habló con delicadeza: —La marca de registro significa que la persona no sobrevivió.

Fumiko dirigió una vez más su mirada al papel. El nombre de Hana tenía una marca así a su lado. Como la mayoría de los 15.000 niños que pasaron por Theresienstadt, Hana había muerto en Auschwitz.

Fumiko bajó la cabeza y cerró los ojos. Ya había presentido la horrorosa verdad. Pero oírla pronunciada y verla escrita, fue un golpe muy duro. Fumiko permaneció sentada en silencio durante unos minutos, tratando de asimilar los hechos.

Entonces se recompuso y levantó la mirada. La historia de Hana no había terminado. Ahora más que nunca Fumiko quería saber todo sobre ella, por ella misma, por los niños que la esperaban en Japón y por la memoria de Hana. Tenía la firme determinación de que esa vida, que había terminado tan injustamente, a una edad tan temprana, no fuese olvidada. Ahora era su misión evitar que ello sucediera. La búsqueda no había terminado.

—No hay marca de registro en el nombre de George —dijo Fumiko—. ¿Existe alguna forma —tartamudeó— de que podamos saber algo de él? ¿Qué le sucedió? ¿Adónde fue? ¿Vive aún?

Con sólo encontrarlo, él podría ayudarla a saber más sobre Hana. Fumiko comenzó a temblar de emoción.

Ludmila miró con ojos tristes a Fumiko. Podía ver cuán desesperadamente Fumiko quería saber: —No sé nada sobre él —dijo con modales suaves—. La guerra fue hace tanto tiempo. Quizás haya emigrado a cualquier rincón del mundo. Incluso puede haber cambiado de nombre o haber muerto después de la guerra, mucho más tarde.

—Por favor —rogó Fumiko— usted debe ayudarme a encontrarlo.

La mujer suspiró y se volvió hacia los estantes apilados con volúmenes de listas de nombres: —Podemos seguir buscando pistas aquí —dijo. Durante una hora, Fumiko y Ludmila buscaron a través de libros repletos de nombres, rastreando una nueva mención del nombre del hermano de Hana. Finalmente, lo encontraron.

Estaba en la lista de internos de Kinderheim L417, la Casa de chicos en Theresienstadt. Los nombres estaban escritos en grupos de seis, ya que dos niños compartían cada colchón en literas de tres. Cuando Ludmila revisó los nombres que aparecían junto con el de George Brady, miró sobresaltada a Fumiko.

—Kurt Kotouc —dijo. Kurt Kotouc —repitió—. Conozco ese nombre. Kotouc está vivo. Creo que el compañero de litera de George Brady vive en Praga, pero no tengo idea dónde. Si logramos localizarlo, tal vez él pueda decirle qué sucedió con el hermano de Hana. Desafortunadamente, desde aquí, no puedo hacer nada más. Pruebe en el Museo Judío de Praga. Quizás alguien allí pueda ayudarle.

Fumiko le agradeció a Ludmila una vez más por todo lo que había hecho. La abrazó y le prometió que la tendría al tanto de los resultados de la investigación. Ludmila le deseó suerte a la joven, quien tomó su portafolio y con pasos rápidos salió de la oficina en dirección a la plaza del pueblo. El ómnibus a Praga estaba por llegar en cualquier momento.

Praga, julio 2000

A Fumiko le quedaban sólo unas pocas horas antes de la salida de su avión a Japón, por la mañana temprano al día siguiente. Tan pronto como se bajó del ómnibus en Praga, le hizo señas a un taxi: —Al Museo Judío, por favor —pidió Fumiko, tratando de contener el aliento.

Llegó al Museo Judío de Praga justo cuando iba a cerrar. El guardia le dijo que volviese al día siguiente.

—No puedo —rogó Fumiko—. Debo regresar a Japón mañana a primera hora. Estoy aquí para ver a Michaela Hajek. Ella me ayudó a encontrar unos dibujos muy importantes. —Cuando vio que nada parecía convencer al guardia, Fumiko apeló a una pequeña mentira—: Ella me está esperando —le dijo Fumiko al guardia confiadamente. Entonces él la dejó pasar.

Esta vez, la suerte estuvo del lado de Fumiko. La mujer se encontraba en su oficina y recordaba la historia de Hana. Escuchó con atención las palabras de Fumiko cuando la joven explicó lo que había encontrado.

—He tenido noticias de Kurt Kotouc —dijo tranquila Michaela. Fumiko apenas lo podía creer.

—Intentaré ayudarte a encontrarlo —prometió Michaela,

comprendiendo también que Fumiko no tenía tiempo que perder.

Fumiko permaneció sentada muy quieta mientras Michaela hacía llamada tras llamada. Cada persona con la que se comunicaba le daba otro número de teléfono para hacer un nuevo intento, deseándole suerte en la búsqueda. Después de varias llamadas, dio con una oficina donde el señor Kotouc trabajaba como historiador de arte. Michaela le pasó la llamada a Fumiko para que explicara lo que buscaba. La secretaria quería ayudarla pero le informó que el señor Kotouc emprendía un viaje esa misma tarde.

—Lo lamento —le dijo a Fumiko— una reunión es imposible. Y tampoco Kotouc tenía tiempo para hablar por teléfono.

Michaela observó la expresión de desánimo que comenzaba a apoderarse de la cara de Fumiko. Volvió a ponerse al teléfono y le rogó a la secretaria:

—No tiene idea de lo desesperada que se encuentra esta joven. Tiene que regresar mañana por la mañana a Japón. Ésta es su única oportunidad.

Finalmente, la secretaria accedió.

Dos horas más tarde, el cielo estaba oscuro y el Museo estaba oficialmente cerrado. Todas las personas que trabajaban en él se habían ido a sus casas. Pero una oficina seguía iluminada. Allí, Fumiko y Michaela aguardaban la llegada del señor Kotouc.

Finalmente Kotouc llegó. El corpulento hombre de ojos brillantes tenía muchas cosas que contar: —Sólo tengo media hora —dijo— antes de partir al aeropuerto. Por supuesto, recuerdo a George Brady. Compartíamos una litera en

Theresienstadt y mucho más. Es imposible olvidar las conexiones que se establecen con las personas en un lugar como Theresienstadt. No sólo eso. Seguimos siendo amigos. George vive en Toronto, Canadá.

El señor Kotouc sacó un pequeño libro con cubierta de cuero. —Aquí está lo que usted busca —añadió con una sonrisa. Escribió la dirección de George Brady y se la entregó a Fumiko.

—Señor Kotouc, ¡no sé cómo agradecérselo! —alcanzó a decir Fumiko.

—¡Buena suerte! —le respondió el hombre—. Me hace feliz saber que los niños en Japón quieren comprender las lecciones del Holocausto. —El señor Kotouc prácticamente voló de la oficina, con el equipaje en la mano.

El rostro de Fumiko resplandecía de alegría. La persistencia había dado sus frutos. Le agradeció repetidas veces a Michaela por todo su esfuerzo.

A la mañana siguiente Fumiko se dispuso en su asiento para el largo viaje a Japón. Todavía temblaba de emoción. Recordó todas las novedades que tenía que contarles a los niños del Centro. Cuando pensaba en Hana, en que tenía un hermano, Fumiko no podía evitar que le viniese a la mente la imagen de su hermanita, tres años menor; Fumiko siempre la había protegido, trataba de imaginarse qué es lo que haría si su hermana estuviese en peligro. La sola idea la hacía temblar. Miraba hacia afuera mientras le estaba dando vueltas a la historia una y otra vez en su cabeza. A la hora, cayó en un sueño profundo, el primero en mucho tiempo.

Tokio, agosto 2000

De regreso en Tokio, Fumiko convocó una reunión especial del grupo "Pequeñas Alas" y compartió con sus miembros cada uno de los detalles de su aventura. Las noticias tristes fueron las primeras. Con los niños en círculo alrededor de ella, Fumiko les dijo, con una voz tranquila, lo que ya se habían imaginado. Hana había muerto en Auschwitz.

—Pero tengo una sorpresa muy linda —dijo Fumiko inmediatamente. Las caras de los chicos se iluminaron—. Hana tenía un hermano llamado George... ¡que sobrevivió!

Enseguida comenzaron a llover las preguntas: —¿Dónde está él? —preguntó Maiko. —¿Cuántos años tiene? —quiso saber otro niño. —¿Sabe que tenemos la maleta de Hana? —preguntó Akira. Fumiko les contó todo lo que sabía. Y también les dijo que esa misma noche trabajaría hasta tarde y le escribiría una carta a George.

Un tributo de los niños del Centro sobre el Holocausto a Hana.
Usaron la forma alemana del nombre de Hana porque así estaba escrito
en la maleta.

—¿Podemos mandar algo junto con la carta? —preguntó
Maiko. Los niños mayores se dispersaron a distintos rincones
del Centro para componer poemas.

—¿Qué puedo hacer? —le preguntó Akira a Maiko.

—Dibuja a Hana —respondió ésta.

—Pero no sé cómo era —dijo el niño.

—Basta con que la dibujes como la imaginas —concluyó
Maiko. Y así lo hizo Akira.

Con mucho cuidado, Fumiko escribió su propia carta. Era consciente de que George se sorprendería, y también sabía que algunos sobrevivientes del Holocausto se negaban a hablar de su experiencia. A Fumiko le preocupaba que George, al recordar cosas tan amargas y dolorosas, no quisiera oír hablar de la maleta de Hana ni del Centro Educativo del Holocausto, en Tokio, Japón.

Fumiko agregó a la carta unas fotocopias de los dibujos que Hana había hecho, así como los escritos de los chicos y sus dibujos. Entonces llevó el paquete al correo, cruzó los dedos y lo envió a Canadá.

Toronto, Canadá, agosto 2000

Era una cálida y soleada tarde de agosto. George Brady, de 72 años, había llegado temprano del trabajo y había planeado pasar una tarde tranquila en su casa, poniendo en orden algunos papeles. Estaba sentado en el comedor cuando escuchó los pasos del cartero, el sonido sibilante de los sobres que se deslizaban a través de la ranura y aterrizaban en el piso. Los miraré después, pensó. Pero sonó el timbre.

Cuando abrió la puerta, vio al cartero que estaba parado con un paquete en la mano: —No pasaba por la ranura —dijo entregándoselo. El paquete provenía de Japón. ¿Qué podía ser?, se preguntó George. No conocía a nadie en ese país.

Cuando abrió el paquete y comenzó a leer la carta, su corazón comenzó a latir con fuerza. Cerró los ojos. Los abrió, parpadeando fuertemente, asegurándose de que las palabras que estaba leyendo eran reales. ¿Soñaba despierto?

La pérdida de su hermana Hana era su tristeza más íntima y profunda. Había vivido con ella más de medio siglo y nunca había podido superar el sentimiento de culpa, la

George Brady hoy.

impotencia de no haber podido proteger a su pequeña hermana.

Ahora, en cierta forma, al otro lado del mundo, la historia de Hana era contada y su vida honrada. Estaba muy sorprendido. Se sentó y dejó que su mente regresara al pasado, 50 años atrás.

Cuando Auschwitz fue liberado, en enero de 1945, George Brady tenía 17 años. Había sobrevivido a los horrores del campo porque había ingresado siendo joven y fuerte, y también gracias a la buena suerte y al oficio de plomero que había aprendido en Theresienstadt. Cuando fue liberado, estaba muy débil y dolorosamente flaco. Pero George tenía la firme determinación de regresar a Nove Mesto con sus padres y con su pequeña hermana Hana. Deseaba desesperadamente que la familia volviese a estar unida.

En mayo de 1945, caminando, en tren y haciendo auto-stop, George pudo regresar al hogar que tanto amaba. Fue directo a la casa del tío Ludvik y la tía Hedda. Era el último lugar donde había tenido familia, amor y seguridad. Cuando abrieron la puerta y se encontraron con su sobrino, ambos se abalanzaron sobre George con abrazos, besos, caricias y llantos. Apenas podían creer lo que veían sus ojos.

Pero la gran felicidad de la reunión duró muy poco.

—¿Dónde están mamá y papá? —preguntó George. Ludvik y Hedda se vieron obligados a contarle la terrible verdad. Marketa había sido enviada de Ravensbruck a Auschwitz y allí había sido asesinada en 1942. Karel también había sido asesinado en el mismo campo de concentración, en el mismo año. —¿Y Hana? —murmuró George. Todo lo que sabían los tíos era que había sido enviada a Auschwitz.

Durante meses, George alimentó la vaga esperanza de que de algún modo, en algún lugar, Hana aparecería. La buscó en las caras de cada joven que veía, en cada cola de caballo que se balanceaba, en cada paso desenvuelto de alguna niña saludable que caminaba por la calle. Un día se encontró con una joven adolescente en la calle principal de Praga. Ella se detuvo.

—¿George? —preguntó—. ¿Tú eres George Brady, el hermano de Hana? Mi nombre es Marta. Conocí a Hana. Todas nosotras, las niñas mayores de Theresienstadt, la queríamos. —George miró a los ojos de Marta en busca de información, en busca de alguna esperanza. Marta se dio cuenta de que George todavía no sabía la verdad final de su hermana.

—George —le dijo muy suavemente, con palabras simples y tomando sus manos—. Hana fue enviada a la cámara de gas en Auschwitz, el mismo día que llegó allí. Lo siento, George. Hana está muerta.

Las rodillas de George se doblaron y el mundo se volvió negro.

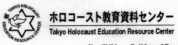

ホロコースト教育資料センター
Tokyo Holocaust Education Resource Center

~For Children, Builders of Peace

〒160-0015 東京都新宿区大京町26-105
TEL:03-5363-4808 FAX:03-5363-4809
26-105 Daikyo-cho,Shinjuku-ku Tokyo,160-0015 JAPAN
TEL:+81-3-5363-4808 FAX:+81-3-5363-4809
E-mail : Holocaust@Tokyo.email.ne.jp
Homepage : http://www.ne.jp/asahi/holocaust/tokyo

Mr. George Brady
23 Blyth Hill Road
Toronto 12, M4N 3L5
CANADA

August 22, 2000

Dear Mr. Brady,

We take a liberty of addressing and telling you about our activities in Japan. My name is Fumiko Ishioka and I am Director of Tokyo Holocaust Education Resource Center. In July this year I met with Mr. Kurt Jiri Kotouc in Prague and I got your address from him. The reason why I am writing to you is because we are now exhibiting your sister, Hanna Brady's suitcase at our Center. Please forgive me if my letter hurts you reminding you of your past difficult experiences. But I would very much appreciate it if you could kindly spare some time to read this letter.

Please let me start with a little explanation on what we do in Japan. Tokyo Holocaust Education Resource Center, established in October 1998, is a non-profit, educational organization that aims at further promoting understanding of the history of the Holocaust especially among young children in this country. Children here do not have a chance to learn about the Holocaust, but we believe it is our responsibility too to let our next generation learn the lessons of the Holocaust so that such a tragedy would never be repeated again anywhere in the world. As well as learning the truth of the Holocaust, it is also very important for children, we believe, to think about what they can do to fight against racism and intolerance and to create peace by their own hands.

Besides welcoming children at our Center for exhibition and study programs, this year we organized a pair of traveling exhibition, "The Holocaust Seen Through Children's Eyes" in order to reach more children living far from our Center. For this project, we borrowed some children's memorial items from individuals and museums in Europe, one of which is Hanna Brady's suitcase from the museum of Auschwitz. Many children are now visiting our Center to see this suitcase to learn about the Holocaust. In June, furthermore, we held the Children's Forum on the Holocaust 2000, where our Center's children's group "Small Wings" did a little opening performance on Hanna's suitcase. "Small Wings" is a group of children, aged from 8 to 18, who write newsletters and make videos to let their friends know about the Holocaust and share what they learn from it. At the Forum they decided to use Hanna's suitcase to do an introduction for their friends who have never heard of the Holocaust. It successfully helped participants of the Forum focus on one little life, among one and a half million, lost during the Holocaust, and think about importance of remembering this history.

When I received the suitcase from the museum of Auschwitz, all the information I had were things written on the suitcase, her name and her birthday, and from the Terezin memorial book I got the date when she was deported to Auschwitz. I could also find 4 of her drawings from Terezin. But that was all. Hoping to get more information on Hanna, I went to Terezin in July, when I found your name on the list I got from the ghetto museum and heard that you survived. I was then so lucky to find Mr Kotouc in Prague and met with him, from whom I heard you now live in Toronto. Those children of "Small Wings" were all so excited to know Hanna had a brother and he survived.

I was wondering if you would kindly be able to tell us about you and Hanna's story, the time you spent with Hanna before sent to the camp, things that you talked with her, you and her dreams, and anything that would help children here feel close to you and Hanna to understand what prejudice, intolerance and hatred did to young Jewish children. If possible, I would be grateful if you could lent us any kind of memorial items such as your family's photo, and so on. It will greatly help us further promote our goal to give every child in Japan a chance to learn about the Holocaust.

Thank you very much for your time. I would very much appreciate your kind understanding for our activities.

I look forward to hearing from you.

With kindest regards,

Fumiko Ishioka
Director
Tokyo Holocaust Education Resource Center

La carta que Fumiko le envió a George.

Toronto, agosto 2000

En el transcurso de más de medio siglo, desde que George conociera el terrible destino de sus padres y su hermana, muchas cosas han sucedido. Con 17 años, George dejó Nove Mesto. Viajó de ciudad en ciudad por toda Europa, llevando consigo su posesión más preciada, la caja de fotos familiares que el tío Ludvik y la tía Hedda habían guardado para él. A principios de 1951, viajó a Toronto y estableció un pequeño negocio de plomería junto con otro sobreviviente del Holocausto. Le fue muy bien. George se casó, primero tuvo tres hijos varones y más tarde, una niña.

George estaba orgulloso de haber sido capaz de seguir hacia adelante en la vida, a pesar del sufrimiento padecido durante el Holocausto y a pesar del asesinato de sus padres y su hermana. Era un hombre exitoso, un padre orgulloso. Se veía a sí mismo como una persona sana que, casi siempre, podía olvidar su experiencia en la guerra. Pero, fuesen cuales fuesen sus éxitos o las alegrías que tuviese, el sentimiento siempre estaba empañado por la memoria de su bella hermanita y el horror de su destino.

Y ahora, sostenía en sus menos una carta que provenía del otro rincón del mundo, que le decía cómo la maleta de su hermana ayudaba a una nueva generación de niños japoneses a conocer más sobre el Holocausto. La carta de Fumiko también le pedía, muy amablemente, su ayuda.

Por favor, perdóneme si mi carta le resulta dolorosa por los recuerdos que le trae de su difícil experiencia. Pero en verdad le estaría muy agradecida si usted nos pudiese contar su historia y la de Hana. Nos gustaría saber sobre su vida antes de ser enviados al campo de concentración, de las cosas que hablaban, de sus sueños y los de ella. Estamos interesados en todo lo que pueda ayudar a los niños aquí en Japón a sentirse cerca de usted y de Hana. Queremos comprender el prejuicio, la intolerancia y el odio que padecieron los niños judíos.

De ser posible, mucho le agradecería si usted nos pudiese prestar fotos familiares. Sé que la mayoría de los sobrevivientes del Holocausto perdieron no sólo a sus seres queridos sino también las fotografías de ellos. Pero, si usted las conserva, sería una gran ayuda para nuestra misión: darles a todos los niños en Japón la posibilidad de conocer y aprender acerca del Holocausto. Trabajamos en el Centro Educativo del Holocausto, en Tokio, Japón, y a los niños del grupo "Pequeñas Alas" les fascinó saber que Hana tenía un hermano que sobrevivió.

La carta estaba firmada: "Fumiko Ishioka".

George apenas podía creerlo. Unas conexiones tan sorprendentes y unas coincidencias tan extrañas habían unido tres mundos: el de los niños en Japón, el de George en Canadá y el mundo perdido de una niña judía de Checoslovaquia, fallecida mucho tiempo atrás. George se secó las lágrimas y sonrió para sus adentros. Conservaba una nítida imagen de Hana. Casi podía oír su risa y sentir su mano suave sobre la de él. Se dirigió a una gran cómoda de madera y sacó un álbum de fotos. Quería comunicarse con Fumiko tan pronto como fuese posible.

Tokio, septiembre 2000

Desde el día en que envió la carta a Toronto, Fumiko se pasaba los días nerviosa y ansiosa. ¿Contestaría George Brady? ¿Les ayudaría a conocer más sobre Hana? Incluso el señor que llevaba el correo al Centro sabía cuán ansiosa estaba Fumiko.

—¿Algo de Canadá hoy? —le preguntaba ella apenas lo veía acercarse por el camino en dirección a la puerta de entrada. Él odiaba ver la desilusión de Fumiko cuando, día tras día, la respuesta era negativa.

Pero el último día del mes Fumiko atendía la visita de un grupo de 40 invitados al Centro. Eran profesores y estudiantes que se habían acercado para conocer más sobre el Holocausto y para ver la maleta. De reojo, a través de una ventana, Fumiko vio al cartero que se acercaba a la puerta con pasos muy ligeros y con una gran sonrisa en la cara. De inmediato, Fumiko se excusó y corrió a su encuentro.

—Aquí está —dijo el cartero resplandeciente de entusiasmo. Y le entregó un grueso sobre proveniente de Toronto.

—¡Gracias! —exclamó Fumiko—. Gracias por darme semejante alegría.

Entonces tomó la carta, se dirigió a su oficina y la abrió. Mientras desdoblaba las hojas, aparecieron unas fotos. Cuatro fotografías de Hana, con una rubia cabellera enmarcando su cara.

Hana

Fumiko dio un grito. No podía creerlo. Algunos de los alumnos y profesores visitantes corrieron a su oficina.

—¿Qué sucede? ¿Qué pasa? —preguntaron.

—No pasa nada malo —les dijo, enredándose con sus propias palabras—. Es que estoy tan feliz, tan emocionada. Aquí, miren, ésta es una foto de Hana. Ésta es la hermosa niña cuya historia hemos rastreado una y otra vez.

Junto con las fotografías, había una extensa carta escrita por George. Así, Fumiko pudo saber de los primeros y felices años de Hana en Nove Mesto, de su familia, de cómo le gustaba esquiar y patinar. Era reconfortante saber que Hana había tenido una vida feliz antes de que la guerra lo arruinara todo.

Y Fumiko también pudo saber cosas de George. Mientras leía sobre su vida en Canadá, sus hijos y nietos, Fumiko saltaba de alegría y felicidad. Comenzó a llorar. Él sobrevivió, se repitió una y otra vez. Él sobrevivió. Más que eso, George tenía una hermosa familia. Tenía que contárselo enseguida a los niños de "Pequeñas Alas".

Tokio, marzo 2001

—Calma —les dijo Fumiko con una sonrisa—. Pronto estarán aquí, se lo prometo.

Pero nada de lo que decía podía dominar la excitación de los niños esa mañana. Revoloteaban alrededor del Centro, revisaban sus poemas, se arreglaban la ropa por enésima vez, se contaban chistes tontos, todo simplemente para que el tiempo transcurriese más rápido. Incluso Maiko, cuya tarea era calmar a todos los demás, estaba muy inquieta.

Finalmente, la espera llegó a su fin. George Brady había llegado. Y había traído con él a su hija de 17 años, Lara Hana.

Ahora los niños estaban muy quietos. En la misma entrada del Centro, rodearon a George. Le hicieron una reverencia, tal como es la costumbre en Japón. George, en agradecimiento, se inclinó también. Akira le dio la bienvenida con una hermosa y colorida guirnalda. Todos los niños trataban, con modales suaves, de hacerse un lugar muy cerca de George. Después de tantos meses de escuchar sobre él por boca de Fumiko, estaban impresionados ante su presencia, ante el hecho de conocerlo en persona.

Fumiko sostiene un dibujo de la maleta mientras George Brady les habla a los niños durante su visita a Japón y al Centro sobre el Holocausto.

Fumiko tomó el brazo de George: —Acompáñenos ahora a ver la maleta de su hermana.

Caminaron hacia la sala de exhibición.

Y allí, rodeado de niños, de la mano de Fumiko y de su hija Lara, George pudo ver la maleta.

De pronto, lo invadió una tristeza casi insoportable. Allí estaba la maleta. Ahí estaba el nombre de Hana. Su hermosa, fuerte, traviesa, generosa y divertida hermana. Había muerto tan joven y en un lugar tan terrible. George inclinó la cabeza y dejó que las lágrimas corrieran por su rostro.

Pero, minutos después, cuando levantó la cabeza, vio a su hija. Vio a Fumiko, que había pasado tanto trabajo para encontrarlo y para descubrir la historia de Hana. Y vio las caras expectantes de todos esos niños japoneses para quienes Hana se había vuelto tan importante, tan viva.

George comprendió que, finalmente, uno de los deseos de Hana se había vuelto realidad. Hana se había convertido en una maestra. Gracias a ella, a su maleta y a su historia, miles de niños japoneses estaban aprendiendo los valores más importantes del mundo: la tolerancia, el respeto y la compasión. Los valores más importantes para George. "Qué regalo me han dado Fumiko y los niños", pensó. "Y qué honor le han hecho a Hana".

Fumiko les pidió a los niños que se sentaran en un círculo. Fumiko resplandecía de orgullo cuando cada uno de ellos presentó sus dibujos y poemas sobre Hana. Cuando terminaron, Maiko se puso de pie, respiró profundamente y leyó un poema en voz alta.

> *Hana Brady, de 13 años, era la dueña de esta maleta.*
>
> *Cincuenta y cinco años atrás, el 18 de mayo de 1942, dos días después de su cumpleaños, Hana fue enviada a Terezin, en Checoslovaquia.*
>
> *El 23 de octubre de 1944, en un vagón atestado de personas, fue enviada a Auschwitz.*
>
> *Inmediatamente después fue llevada a una cámara de gas.*

Las personas sólo estaban autorizadas a llevar una maleta consigo.

Me pregunto qué guardó Hana en la suya.

Hoy Hana tendría 69 años, pero su vida terminó cuando tenía tan sólo 13.

Me pregunto qué clase de niña era Hana.

Unos pocos dibujos que hizo en Terezin: éstas son las únicas cosas que dejó para nosotros.

¿Qué nos dicen estos dibujos?

¿Recuerdos felices de su familia?

¿Sueños y esperanzas para el futuro?

¿Por qué fue asesinada?

Había una razón.

Había nacido judía.

Nombre: Hana Brady. Fecha de nacimiento: 16 de mayo de 1931.

Huérfana.

Nosotros, Pequeñas Alas, le contaremos a cada niño en Japón lo que le sucedió a Hana.

Nosotros, Pequeñas Alas, nunca olvidaremos lo que le sucedió a un millón y medio de niños judíos.

Nosotros los niños marcaremos la diferencia. Para construir la paz en el mundo. Para que el Holocausto no vuelva a ocurrir.

Pequeñas Alas, diciembre de 2000, Tokio, Japón.

(Traducido del japonés por Fumiko Ishioka.)

Mientras Maiko lee (a la izquierda), los miembros de "Pequeñas Alas"
levantan sus carteles que dicen: "Aprendamos, pensemos y actuemos
(para crear la paz) en el siglo XXI".

Epílogo

La historia de *La maleta de Hana* sigue sorprendiéndonos. En un viaje a Polonia, en marzo de 2004, George y Fumiko se enteraron de que la maleta original de Hana había sido destruida, junto con otros muchos objetos del Holocausto, en un incendio sospechoso en Birmingham, Inglaterra, en 1984.

El Museo de Auschwitz creó una réplica, o copia, tomando como modelo una fotografía de la maleta. Fue esa réplica la que recibieron Fumiko y "Pequeñas Alas". Es política de Auschwitz informar a quienes reciben objetos en préstamo si se trata de originales o copias. Esta vez se cometió un error. George y Fumiko no sabían que la maleta era una reproducción hasta que viajaron a Polonia.

Pensándolo bien, todos los que participaron en esta historia están muy agradecidos de que los curadores de Auschwitz hayan realizado una réplica fiel de la maleta. Sin ella, Fumiko jamás habría ido en busca de Hana y de su historia. Nunca habría encontrado a George. Y nosotros jamás hubiéramos tenido la historia *de La maleta de Hana*.

En la actualidad, el libro sobre *La maleta de Hana* es leído en todo el mundo por miles de niños, en más de 20 idiomas. Fumiko, George y la maleta continúan viajando, compartiendo la historia de Hana, las lecciones de la historia y un mensaje de tolerancia.

Agradecimientos

Ante todo, quiero dar las gracias a George Brady y a Fumiko Ishioka. Esta historia les pertenece. Ambos, con una dedicación intensa y con una gran generosidad, me ayudaron a armar este libro. Ambos son personas tenaces y comprensivas, llevadas por el deseo de hacer del mundo un lugar mejor y de transmitir la historia de Hana Brady y honrarla. Para ellos mi gratitud.

Mi primer encuentro con la maleta de Hana, en un artículo escrito por Paul Lungen en *Canadian Jewish News*, me provocó una profunda emoción. La historia me conmovió tanto que hizo que yo decidiera salir de mi "exilio" y produjera, al cabo de doce años, mi primer documental de radio. El resultado fue "La maleta de Hana", que salió al aire en *La edición del domingo* de la Radio CBC, en enero de 2001.

La primera llamada telefónica que recibí después de la transmisión fue la de Margie Wolfe, quien, en ese mismo momento y emocionada, me dijo que escribiera un libro. Margie es una de mis personas favoritas, una amiga increíblemente fiel, una mujer muy divertida, y sumamente talentosa, a quien ahora puedo llamar "mi editora".

Junto con Margie, Sarah Swartz me brindó sus claros y amables consejos durante el proceso editorial. Jeffrey

Canton, así como las mujeres de *Second Story Press*, Carolyn Foster y Laura McCurdy, también hicieron importantes contribuciones. Reynold Gonsalvez sabe que sin su paciencia y habilidad en el estudio de radio y en la computadora, mi vida sería mucho más complicada de lo que ya es. Mis agradecimientos también a Carmelita Tenerife por sus constantes cuidados y a Teresa Brady por su amabilidad.

Mis preciadas amigas me sirvieron de apoyo moral y también de niñeras, una gran ayuda que me sostuvo a lo largo de este proyecto de escritura: Susanne Boyce, Cate Cochran, Joy Crysdale, Brooke Forbes, Francine Pelletier, Geraldine Sherman y Talin Vartanian. Quiero agradecer muy especialmente a Madeline Cochran, quien, a sus nueve años, fue una de las primeras lectoras del manuscrito. Sus sugerencias (y las de su madre) han sido inestimables.

Seguramente, ninguna hija demandó tanto apoyo y estímulo de sus padres como yo. Mi madre, Helen, y mi padre, Gil, me enseñaron (entre otras cosas) a celebrar el esfuerzo humano, a conocer el pasado y a luchar por un futuro mejor. Y me dieron la mejor hermana mayor, Ruthie Tamara, quien me ha alentado de todas las maneras posibles.

Michael Enright —mi amor y compañero— siempre creyó que yo podía escribir un libro, mucho antes de que lo hiciera, y nunca dejó pasar la oportunidad de expresármelo. Su confianza en mí y su genuino entusiasmo en el proyecto me dieron miedo y me alentaron a la vez. En cada etapa, Michael me brindó el cariño que yo deseaba, el empujón que necesitaba y además una habitación de trabajo. Estoy tremendamente agradecida por todo ello y también por el cariño de la prole Enright: Daniel, Anthony y Nancy.

Mi hijo —Gabriel Zev Enright Levine— tiene hoy seis años, muy pocos para conocer la historia de Hana. Pero cuando llegue el momento adecuado, le leeré el libro. Espero que también él se sienta atraído como yo hacia la historia de Hana, George y Fumiko. Y también es mi deseo que Gabriel aprenda a través de este libro que la Historia importa y que las buenas personas y las buenas acciones pueden cambiar el mundo, no importa cuán terrible sea el mal.